AF570986

UNDER TAMARISKEN

Gunnar Lidén

Under tamarisken

Vardagsintryck från Grekland
2011-2016

Av Kicki och Gunnar Lidén:

Ett dussin russin 2006
Sånger från balkongen 2014
Grekiska Livstycken 2016

© 2016 Gunnar Lidén och BoD

Omslag, teckningar och layout: Gunnar Lidén

Foto: Kicki Lidén

Tryck och förlag: BoD, Books on Demand

ISBN: 978-91-76990-65-0

www.kulturstugan.se

Innehåll

Förord

Under tamarisken sitter man gärna mitt på dagen när solen är som varmast. På sommaren när temperaturen ligger omkring 35 grader söker alla skugga. Under tamarisken är det behagligt. När det inte har regnat på fyra månader är tamariskens barr fortfarande fuktiga. Trädet fångar fukt ur luften och samlar på sig vätska ur den torraste mark. Detta känner man om man drar med handen över tamariskens tunna blad. Träden står där som vaktposter mot torkan längs stranden, paralian. Där är det gott att sitta skymning när kvällen kommer. Där är en bra plats för tankar och drömmar att vandra.

Att skriva om intryck som invandrare i ett nytt land har varit lärorikt. Den ekonomiska krisen i Grekland började samtidigt som jag flytttade från Karlstad till Athen. Demonstrationerna på gatorna i centrum där jag bor var högljudda och många gatstenar kastades mot polis och affärer. Massmedia i Sverige rapporterade om upplopp och bränder i Athen. Jag hade en annan bild av verkligheten. Massmedia ville skriva om offer och hjältar, om katastrofer och kaos. Jag ville berätta om vardagslivet som lunkar på som det gjorde i går och i förrgår. De flesta texterna har tidigare publicerats i Värmlands Folkblad som lördagskrönikor.

För många svenskar är Grekland en samling öar i Medelhavet där solen lyser över vita stränder. När solen står högt blir kroppen trött. Då är det gott att sitta i skuggan under tamarisken och vila ögonen på en fiskebåt som kommer in från havet med sin fångst. Det finns ett annat Grekland än det som står i resekatalogerna. Ett land med människor som jobbar hårt för att få livet att gå ihop och hushållskassan att räcka till. Det landet finns fortfarande kvar.

Athen i april 2016
Gunnar Lidén

Åsnorna på Hydra

Augusti 2011

Berättarladan i Rottneros är fylld till sista platsen när Gösta Berling letar efter sig själv bland kavaljerer och patroner. Han älskar livet men har svårt att anpassa sig till samhällets krav. Gösta Berling är inte lagom. Han är för mycket av allting och livet blir berg och dalbana med kärleken som motor. Det är lite Zorba över Gösta Berling. Något grekiskt livsbejakande som inte har särskilt mycket framförhållning och har svårt för att samarbeta och planera, men som älskar livet och tar dagen som den kommer.

Tiden står still i augustikvällen när Västanå Teater spelar upp sagan om prästen som kastades ut ur finrummet och hamnade på krogen och mötte tiggaren utan skor och vandraren utan hem.

När jag var präst i Mangskog fanns det i prästgården träaskar som den avsatte prästen hade gjort och sålt för att överleva längs vägarna. Han brukade komma för att vila upp sig hos sina släktingar. Emanuel Branzell sägs vara förebilden till Gösta Berling.

Kvällen i Teaterladan blev en påminnelse om hur det är att flytta till Grekland. Livet är inte längre lagom, utan för mycket av allting. Livet går inte att kontrollera i detalj. Det blir som det blir och konsten att improvisera går bättre och bättre. Kärleken och lusten till livet är den grekiska motorn som skapar framtiden.

Att bo och arbeta i Athen är att ha antiken ständigt närvarande med nutid. Akropolis åt ena hållet och Zeustemplet åt det andra. På några årtionden har det moderna Athen fyllts av bönder och fiskare som har sin själ kvar i en gammal stuga bland getter och olivträd.

Det tar en timme att åka båt från Pireus till tystnaden på Hydra. Tre bilar finns på ön; sopbil, brandbil och en liten lastbil. Klockan i kyrktornet slår varje kvart, så att vi påminns om att tiden går. Annars är det lugnt. I Hydras hamn trängs små fiskebåtar med stora fritidsseglare. Taxibåtarna har bråttom. Åsnorna väntar tåligt på turister som vill uppleva hur det var förr, innan biltrafiken tog över. Kalderimen – åsnestigen – ringlar sig upp i bergen och bort från tavernor och souvenirbutiker.

Jag går och letar efter huset där Göran Tunström bodde på 50-talet, när han lärde känna Leonard Cohen som också bodde på Hydra. Gatorna är krokiga och gränderna trånga. Branta trappor leder upp förbi blåmålade dörrar. Det är lätt att gå vilse. Kanske är det Hydra som är Grekland? Det oförstörda och lugna där tiden står stilla och en liten ouzo smakar som den alltid har gjort.

Tillbaks i Athen på kvällen tar jag en taxi till Syntagma. Chauffören beundrar Olof Palme och han tycker att Sverige är ett bra land. Jag håller med honom men säger att jag tycker att Grekland också är ett bra land men Athen är inte Grekland. Athen har växt för fort och nu är det ont om jobb i storstaden. Halva Greklands befolkning bor i Athen. Storkommunens ekonomi är dålig och många kommunanställda strejkar. Sopåkarna låter bilarna stå och skräpbergen växer kring tunnorna på trottoaren. De gula skyltarna med ”*UTHYRES*” hänger både i affärer och på lägenheternas balkonger. Mannen som kör taxin säger att Georgio Papandreo bara pratar men gör ingenting. ”Han och hela hans regering borde bytas ut. Han vill att Grekland ska ha samma välfärd som Sverige men han har inga pengar för att genomföra det. Det är bara tomma löften. Pengarna som Grekland har lånat under många år har gått till ministrarna och deras vänner. Nu ska vi vanliga människor betala kalaset med sänkta löner och sämre pensioner. ” Taxichauffören släpper av oss framför vägspärren vid Nationalträdgården för att Syntagma är fyllt av demonstranter och avstängt för trafik. Han förstår inte att vi har valt att frivilligt flytta från Sverige till Grekland.

Alla som har möjlighet gör ju tvärtom, säger han.

I ett par veckor har taxibilarna strejkat i Grekland. Man protesterar mot förslagen på att ta bort licenserna och släppa marknaden fri. Förr kunde en familj med många barn få en taxilicens för att dra in extra pengar till hushållskassan. Idag är licenserna dyra för ingen vill ha konkurrens om kunderna. Bensinpriset går upp. Bilarna ska lämna kvitto och betala skatt. Så har man inte gjort förut. Taxistrejken sätter käppar i hjulen för turisterna som missar båtar och flyg.

Sommar i Sverige några veckor till. Någon frågade mig: -längtar du tillbaks till Grekland? Ja, det gör jag, även om jag tror att hösten och vintern kommer att bli en svår tid för många greker som inte längre har råd att bo i sina dyra lägenheter och som inte längre har råd att gå ut och äta på tavernan några gånger i veckan. Det kommer att bli oroligt i Athen det kommande året. Grekland har liksom Gösta Berling kastats ut ur det europeiska finrummet och måste irra omkring bland kavaljerer och patroner en tid för att hitta sig själv. Men Grekland är ett land med stora tillgångar och grekerna är ett folk med mycket kärlek och stor förmåga att improvisera. Man vill inte gärna styras av någon men vill gå sin egen väg.

Ett halvt kilo rep

Oktober 2011

När försäljaren av grillade majskolvar plockar ihop sin vagn och rullar bort från Syntagmatorget, är det dags att dra mig tillbaka ner i Plakas smågator. Gatuförsäljaren har näsa för både majs och tårgas och känner tidigare än andra när det är dags att flytta på sig en stund. Bråkstakarna som kastar sten mot kravallpolisen tänder eld på soptunnor för att röken ska neutralisera tårgasen. Brandmännen drar på sig sina skyddskläder och gör sig beredda att släcka brandbomber. Det nervösa lugnet ändras på några sekunder till en flod av människor som rinner bort från centrum.

Vi har bytt flaggor på Skandinaviska kyrkans balkong idag. De gamla flagglinorna var sönderbrända av den grekiska solen. Torkvindan mår lika illa. De vita plastlinorna är svartbrända och tvätten rasar i betonggolvet. Här i Athen är det inte bara att gå till järnaffären och handla trettio meter flagglina. Här går man till repbutiken och köper ett halvt kilo rep. Det finns butiker för allt. Man går till låsbutiken för att köpa lås och man går till flaskbutiken för att köpa flaskor till julglöggen inför julbasaren. Det finns väldigt mycket att välja mellan när man väl hittar den rätta affären. Efter lite letande hittade jag till Trezos affär för linor, rep och snören. Det som inte finns hos Trezos, det finns inte. Personalen idag var tre personer och de verkade måttligt glada över att jag kom och störde i samtalet. Ett biträde mäter upp flagglinan och gör ett litet paket som han lämnar till mannen som har hand om kassaapparaten. Jag betalar och får efter särskild önskan även ett kvitto på fem euro. Biträdet som har hand om städningen och kaffet, sitter i ett hörn och virkar en grytlapp.

Det tar inte många minuter att gå fina Ermou-gatan från tårgasen på Syntagma till repbutiken på Athinas-gatan. Det är ändå skilda världar och många lämnar aldrig sin stadsdel. Bor man i Monastiraki, går man upp till Athen, alltså till centrum ett par kilometer bort. Min promenad från Skandinaviska kyrkan i Plaka, förbi Syntagma och ner till Athinasgatan tog tjugofem minuter men gick genom olika världar som ligger sida vid sida och som sällan möts.

Athen är inte Grekland, även om det verkar så när man läser svenska tidningar. Visserligen bor halva Greklands befolkning i Athen, men storstaden har en kort historia och inflyttningen från landsbygden och öarna har varit intensiv de senaste 50 åren. Många har fått anställning inom tjänstesektorn och jobbat i butik och café och på bensinmack och bilverkstad. Det har inte producerats särskilt mycket men kontoren har varit fyllda av anställda som inte alltid haft något meningsfullt att göra. Nu stiger arbetslösheten snabbt och butiker och lägenheter skyltar med "Uthyres". Men vem har råd att hyra en lägenhet när man knappt har pengar till mat.

Under september har jag rest mycket till Kreta och Rhodos för att möta skandinaver på resa eller som är bofasta på öarna. Det som händer på Syntagma i Athen bryr man sig inte särskilt mycket om. Kreta är ett eget rike och Rhodos har alltid legat långt bort och klarat sig självt. För oss som har växt upp i konungariket Sverige, är det naturligt att lyssna på vad som sägs i Stockholm. Här i Grekland har man för länge sedan förlorat tilltron på de beslut som fattas i Athen. Man har blivit lurade i så många år att man litar bara på sig själv och kanske på sin familj. Inte mycket mer. Varför betala skatt till ett system där pengarna bara försvinner?

Det är skillnad på att gå till den lokala tavernan och beställa ett kilo av husets vin som kommer i det gamla kopparstopet, än att köpa hem en liter tyskt vin från Lidl för 15 kronor. Och det är skillnad på att köpa ett halvt kilo rep direkt från rullen på väggen, än att handla en liten inplastad snörförpackning på IKEA. Och många tror att Greklands gamla pengar drachman kommer tillbaks. Här håller man på sina egna enheter och sina egna kvarter. Det där stora som kallas Grekland är en konstruktion som gäller för politiker och banker.

De nya nordiska flaggorna på balkongen lyser vackert och berättar om ett skandinaviskt samarbete i sydöstra hörnet av Europa. Måndagkvällar är körövning när danskar, norrmän, svenskar sjunger tillsammans med ryssar, ungrare och greker. Jag sitter i basstämman mellan Kjell som bott trettio år i Athen, och Andreas som är grek och har börjat i kören i höst. Han kommer från Mytilini och har inte råd att ta svensk-lektioner. Han vill inte flytta tillbaks till sin ö, men han kanske blir tvungen. Han tjänar lite pengar på att sitta barnvakt. Andreas vill lära sig svenska och att sjunga i kyrkans kör är hans sätt att träna på svenska språket. Körsång är gratis. Han drömmer om att flytta till Sverige, där han tror att det finns en ljusare framtid än på Mytilini.

*

Nu råder förändringarnas tid i Grekland. Men det är inte alltid som förändringar innebär något nytt. Här verkar det som om mycket är på väg tillbaks till det gamla. Det finns en gammal misstänksamhet mot styrning uppifrån och utifrån. Även om halva Greklands befolkning bor i Athen, så bor det en liten grek i själen som fortfarande har hjärtat kvar i byn på landet eller på ön, där livet styrs av borgmästaren som är släkt med alla och som vet att gör han något dumt så drabbar det hans egen familj och hans släkt och hans vänner och grannar. Så det är bäst att göra det som är bra för människorna i byn.

Ett halvt kilo rep kan användas till mycket. I Grekland har självmorden ökat oroväckande det sista halvåret. Kuratorer och psykologer har öppnat mottagningar för att skapa mötesplatser för samtal med greker som inte ser något ljus i tunneln. Krisen är inte bara ekonomisk, den är också andlig.

Nu handlar det om tilltro, hopp och omsorg om den som far illa. Bristen på tillit är ett andligt problem som den ortodoxa kyrkan borde ta på allvar och samtala med människor om på gatan, i skolor och på arbetsplatser. Vårt behov av tillit börjar med vårt eget värde som individer, om det beror av det vi är eller vad vi gör. När grekernas historia är märkt av misslyckanden som skapar känslor av skuld som man skyller på andra och inte vet hur man ska lösa upp, då är det inte enkelt att se en framtid med goda möjligheter för barn och unga vuxna. Här väntar vi på nya ledare som människor kan känna tilltro för och som kan skapa tillit hos individen.

G. L' 2011.

Afrodites vik

November 2011

Vid den tiden utgick ett påbud att alla skulle skattskrivas. Alla greker som ägde bostad skulle betala en ny avgift som kejsaren hade hittat på. Eftersom det snart var vinter och alla behövde mera el, slog kejsaren ihop den nya skatten med elräkningen. Den som inte betalade skatt fick elen avstängd. Kejsaren rev sig i skägget och snuddade vid tanken att det kanske var ett förhastat beslut. Kostas och Melina färdades till Pireus, deras hemby, där de hade sina rötter. När de kom fram kände de på dörren till värmestugan, men det var stängt. Det fanns inte plats för dem i härberget.

För en vecka sedan färdades vi hem till Sjömanskyrkans födelseplats i Pireus, söder om Athen. Det gamla nätverket lever kvar och inför julen väntar man sig fortfarande att kyrkan ska slå upp sina portar och glöggdoften ska lägga sig över balkonger och trappuppgångar. Närmsta grannen, fisktavernan Kalivas, har sett fram emot julbasaren, men kyrkan har flyttat till Plaka i centrum. Lunchen på Kalivas började som den alltid gjort. Kyparen kom ut med en tipskupong och sa: "-Malmo, Malmo" när han ställde fram vatten och grillade brödstycken på bordet. Hans hälsning betydde att han var glad att se oss igen och att vi svenskar var välkomna till hans matställe vid Afrodites vik.

Kyparen har varit lojal mot sin fisktaverna under hösten. vissa månader utan lön, men han liksom många väntar på bättre tider. Han tycker det är bättre att gå till jobbet och göra lite nytta, än att sitta hemma och titta på teve. På tavernan kan ha få sig ett mål mat, även om lönen uteblir.

Kyrkan öppnade för 35 år sedan och har varit en värmestuga för frusna sjömän, långt hemifrån. Det var på den tiden som det gick svenska båtar på haven med svensk besättning. Fartygen låg flera dagar i hamn, ibland någon vecka. Kyrkan hade i Pireus, som i många hamnstäder, en folkabuss som tog sjömännen på en tur upp till centrala Athen, till antika sevärdheter och klassiska tavernor i gamla stan, Plaka.

När de svenska båtarna slutade angöra Pireus, kom det långtradare i stället. Sjömanskyrkan blev ett truck-stop tills ryska chaufförer tog över transporterna av svenska bilar ner genom Europa. Över kyrkans entré hängde fortfarande skylten "Skandinaviska Sjömanskyrkan" men besökarna blev bofasta skandinaver och turister som kommit för att övernatta på härberget i Pireus för att sedan ta båten ut till öarna.

När kyrkan för två år sedan flyttade in till Athens centrum kände kyparen på Kalivas fisktaverna oro över att lokalen kunde bli en konkurrerande krog. Kanske var det spänningar i luften, kanske var det en liten jordbävning, ingen vet. Men natten efter att kyrkan stängdes för sista gången, ramlade skylten i backen. Den som visat vägen i 35 år ville inte längre stå för något som inte längre fanns.

Julbasaren på Sjömanskyrkan i Pireus var välkänd för många. På den rymliga uteplatsen kunde man äta och dricka, prata och röka. Danske pölser, finska smörgåsar med renkött, norska våfflor och svenska kanelbullar. varje dag i en månads tid har grekerna i Pireus ringt och frågat när julbasaren börjar och vart kyrkan har flyttat. Man vill gärna handla mat och julpynt med nordisk doft. När skyltfönstren i Athen pyntar inför jul, så ligger snön vit bland skor och kläder. Julen förknippas med det nordiskt vintriga, som en kontrast till den grekiska långa hösten.

I år frågar vi oss på Skandinaviska kyrkan: kommer grekerna ha råd att handla julklappar, knäckebröd och sill till julen? Portmonnän är nästan tom när hyra och nya skatter har betalats.

En vän i kyrkokören, bor i Glyfada, söder om Athen och arbetar på norska institutet. Det brukar ta en timme att köra in till jobbet, bilköerna på morgonen har gjort trafiken trög. Nu går det på en halvtimme att ta sig in till centrum.

Det märks tydligt att det är fler som saknar jobb och många har sålt sin bil och har man bilen kvar är bensinen dyr och man väljer att åka kollektivt. Det känns konstigt, sa min körkompis, jag önskar att trafikstockningarna kom tillbaks med full fart på jobb och trafik. Det känns inte bra att det går så smidigt att ta sig in till jobbet.

Skandinaviska kyrkans nya lokaler i Plaka i Athens centrum fylls med nordiska matvaror och julpynt den här veckan. På tre dagar ska vi sälja jul till greker som inte längre tror på den grekiska tomten. I år kommer vi att skänka en del av vinsten till organisationen "Världens läkare" som har öppnat en fri vårdcentral i Athen för familjer som inte har råd att gå till doktorn. Det behövs både mat och medicin. En annorlunda jul väntar många atenare.

Femmorna är slut

November 2011

När den årliga julbasaren ska förberedas, kommer tio lastpallar med varor från Skandinavien som ska packas upp och ställas på plats. Allt ska kollas, sorteras och prismärkas. Alltid är det något som är fel och ena året får vi alldeles för mycket bostongurka och ett annat år har vi dansk sill upp till knäna. Det som alltid är ett stort problem är växelkassorna. Folk har ju inte mynt. Det är som man äter mynt i Grekland. Och små sedlar fattas det alltid. Kunder kommer till basaren med stora sedlar som man vill bryta ner i mindre valörer så att man kan handla lotter och billigt julpynt och skandinavisk mat. Vi letar i vårt kassaskåp men inser att vi måste gå till banken ta ut kontanter i sedlar.

Den svarta kostymen och min nya prästskjorta bör nog passa bra vid ett besök på Stora Banken, tänker jag. Då förstår de säkert att jag kommer från en trovärdig svensk organisation som är hederlig och aldrig luras.

Vi behöver växelkassor så jag går vi till Alfa-bankens huvudkontor på Stadiougatan. Trafiken är aggressiv och tät. Bilisterna ser mig som ett villebråd som ska lära sig att i Athen är det bilarna som har företräde. Trodde jag något annat, kan jag glömma det nu.

Vakterna i entrén tittar strängt på mig när jag går in genom stora dörren. Det är en stilig bank med många kassor där unga, sminkade damer sitter bakom glas och lås och tar hand om kunderna. Avdelningschefen sitter tre meter bakom och pratar i telefon och håller ett öga på kassörskorna så att de inte luras. Några av kassörskorna dricker kaffe medan de räknar pengar.

Den här gången vill jag inte sätta in pengar utan ta ut kontanter från vårt konto i banken. Den kvinnliga bankchefen följer med mig nerför trappan till avdelningen för större kontanthantering. Det är ju i alla fall huvudbanken i Grekland jag har kommit till. Chefen berättar för penningräknarna att jag vill ha 40 tjugor, 75 tior och 90 femmor.

"-Vi har slut på femmor", säger penningräknaren som sitter vid kontantkassan. Hans händer är krokiga och armarna är böjda, så jag anar att han har någon muskelsjukdom. I Grekland finns det en särskild kvotering för personer som har funktionshinder så att de kan komma in på arbetsmarknaden. På den här banken har mannen med de krokiga händerna hamnat i kassan för sedelhantering, och han tycker det är besvärligt att kolla alla högarna och slå band om sedelbuntarna, eftersom det tar så lång tid. Han svarar chefen snabbt: "-Vi har slut på femmor". Det betyder att det tar så himla lång tid att räkna alla femmorna. Chefen svarar: "-Du kanske kan hitta några femmor? Har du tid att se efter? Jag tror att de ska finnas någonstans".

Banken har växel från hela landet. När chefen inte ryter till utan verkar lite dum, så växer penningräknaren bakom sitt skrivbord och känner sig riktigt viktig. Jag ska se efter, säger han, och kommer tillbaks med 90 fem-eurosedlar. Och så börjar han sakta och omständligt räkna fram och tillbaka i sin sedelräknare. Han utgår ifrån att någon stoppat in falska sedlar här och där, och snart har han räknat klart och satt band kring den lilla sedelbunten. Han känner sig glad och chefen känner sig nöjd över att det gick så bra.

Svart kostym och prästskjorta var inte alls bra på banken. De trodde att jag var katolik och kom från någon maffiaorganisation. Jag kunde lika gärna ha satt på mig en cowboyhatt och westernstövlar. Hur korkad kunde jag vara, som trodde att det skulle se trovärdigt ut som en italienare?

I Grekland hör det till spelets regler att man ska verka lite dum för att få saker gjorda. Då tror den andre att man är mycket klokare och kan mer och då kan det bli mycket gjort. Men det tar tid. Det sitter många personer på tjänster där man inte passar för arbetet och arbetskamraterna märker att det inte fungerar och blir irriterade. Det leder ofta till att man använder sin makt som anställd och gör livet surt för kompisarna.

Jag går hemåt med min dyrbara last av sedlar gömda i ryggsäcken. Försöker att inte se ut som en turist. Tittar rakt fram och håller ett öga på alla jag möter. Försöker att inte bli överkörd när jag korsar gatan. Alla ser hur tydligt som helst att jag har något i ryggsäcken som jag försöker dölja. Därför går jag de gator där det är mycket folk och jag går förbi affärer där jag har handlat. Känner mig trygg när jag kommer in i Plaka och sätter nyckeln i låset.

Jag märker att jag har mycket att lära mig i det nya landet. Det är inte så enkelt att få saker gjorda och jag ska nog inte räkna med att ett besök på banken är som hemma i Karlstad. Det finns en hierarki i det grekiska samhället som gör att den person som sitter i kundmottagningen alltid har en mellanchef bakom ryggen, som i sin tur har en chef i ett annat rum. Det personliga ansvaret ligger alltid högre upp och den som sitter i kassan kan sällan ge besked direkt. Alltid behövs det ett papper till. En stämpel till. En namnteckning av någon annan högre upp.

Nästa gång som jag går till banken ska jag inte ta på mig prästskjortan och ha passet i fickan. Det är bättre med en liten present till chefen. En ask med kakor eller en flaska vin går bra. Och ett leende som säger att jag tycker att det här är en himla fin bank med trevliga människor som jobbar så noggrant och bra.

En fimp i tzatzikin

November 2011

För tredje gången har Grekland infört rökförbud på café och taverna och det är först nu när hösten kommer som någon reagerar. Utomhus går bra. Inomhus med öppna fönster går också bra. Men kyliga dagar med stängda fönster kräver en bra fläkt. Kunderna frågar om det är OK att röka här? Annars drar man vidare till nästa café.

Ett paket Marlboro kostar fyra euro här. Ett grekiskt paket är lite billigare. På nordvästra Peloponnesos fanns för några tiotal år sedan stora tobaksodlingar. Bönderna levde gott på tobaken och gårdarna gick i arv till kommande generationer. Det kom nya förslag från EU om jordbrukspolitiken och tobaksbonden på Peloponnesos erbjöds miljoner för att lägga ner sin verksamhet. Han tog glad emot EU-pengarna och köpte sig en ny bil och levde gott några år. Nya investeringar var inte så viktigt när man hade pengar. Idag är pengarna slut och nya grödor trivs inte på tobaksåkrarna.

Grekerna trodde att man kunde lita på sina egna politiker som man röstat in i parlamentet och som gav jobb och skattetrygghet i utbyte. Man trodde att man kunde lita på EU som gav bidrag och billiga lån till medlemmarna i den europeiska familjen. Idag är tilliten borta och pengarna slut. Nu vill premiärminister Papandreou ha en folkomröstning för att få folket att ställa upp bakom krispaketet som ger landet en time-out i väntan på konstruktiva lösningar för landets framtid. Ny Demokrati kallar det för utpressning. Har folket något att välja mellan?

Först erbjöds tobaksodlaren en massa pengar. Sedan lade han ner verksamheten. Därefter konsumerade han upp sina besparingar. Jorden ville inte längre ge skördar. Först då började han fråga sig hur det ska bli med verksamheten. Kanske familjen skulle rösta om tobaksodlingen. En aning försent.

För ett par veckor sedan körde vi bil söderut genom Peloponnesos till Kardamyli söder om Kalamata. Olivträden dignar i väntan på skörd om en månad. Valnötterna har plockats och fikonen är lagda på tork. Här säger man att ett fikon om dagen håller doktorn borta. I goda tider stoppar man en halv skalad valnöt i fikonet. I år saknades valnöten.

Greklands premiärminister gick i skola i Stockholm. Då hade han både böcker och motiverade lärare. Papandreou har många gånger pratat om hur det är i Sverige, landet med en fungerande välfärd för både unga och gamla. Han har inte lika ofta pratat om det svenska skattesystemet som gör det möjligt att ha skolböcker och sjukvårdsbiträden. Vid grekiska skolstarten i höst fick många barn gå hem utan böcker. Vi har inte råd, sa skolans rektor. Blir man liggande på sjukhus måste anhöriga hjälpa till med toalettbesök på natten eller se till att man får i sig mat om man inte orkar själv. Sjukvårdsbiträden finns inte här som i Sverige. Vi har inte råd, sa sjukhusdirektören. Och det är inte alla som kommer så långt att man alls får en plats på ett sjukhus.

En nystartad läkarmottagning för familjer som saknar socialförsäkring har öppnat i Athen. Dit kommer familjer som inte har råd att betala sin avgift till sjukkassan. Många mår dåligt. En läkare där berättar att många barn som söker vård, är inte sjuka. De är undernärda. De behöver mat för att få tillbaks hälsan. Och nu är det inte flyktingar som kommer, berättar läkaren, utan vanliga grekiska familjer som inte har råd att köpa mat så att man håller sig frisk.

Kyrkorådets ordförande här i Skandinaviska Kyrkan är mitt uppe i förberedelserna för årets största händelse; julbasaren vid första advent. Matbeställningar från Sverige ska kontrolleras och datum för leveranser ska bestämmas. Här laddar vi för kalas med sju sorters sill och åtta sorters kakor. Korven ska kylas och glöggen ska värmas. Men kyrkorådsordföranden kan inte sluta tänka på det som läkaren på den fria vårdcentralen sa: barnen är inte sjuka, de är undernärda.

Nu kommer det ett upprop till församlingen och till de som kommer i kontakt med kyrkan här i Plaka: ta med ett paket ris eller pasta eller andra matvaror som vi kan skänka till den Fria Vårdcentralen. Pengarna är slut och många behöver mat. I år har vi beslutat att en del av inkomsterna från julbasaren ska användas till att hjälpa människor här i Athen som behöver stöd.

Nu är det många som lämnar Grekland för att söka arbete i något annat land. Utvandringen närmar sig siffror som påminner om läget efter andra världskriget. De nordiska ambassaderna får många samtal från greker som undrar vad som krävs för att söka jobb i Skandinavien. Många vill till Tyskland där det går att få arbete och en inkomst. Men man vill bo som i Grekland eller Sverige; man vill leva nära bergen, skogen och havet. Här i Grekland vill man leva men här finns inte längre några jobb. Grekerna har alltid varit bra på att anpassa sig till nya förhållanden. Man är kreativ och lyckas ofta skapa sig en framtid i USA eller Tyskland.

Vad är det som gör att vi vågar ta steget ut i det okända och starta något nytt? En vän här i Grekland vände sig till kyrkan och undrade om den mänskliga förmågan räcker eller om vi kan förvänta oss hjälp från ovan? Kyrkan har nog alltför länge lärt människor att vänta på hjälp från ovan och försvagat det egna ansvaret.

På vår favorittaverna i Plaka var det tomt på uteserveringen häromdagen. Nordvind och klara höstdagar gör kvällarna kyliga. Gästerna flyttar in och i den stora öppna spisen brinner olivveden. Vid brasan kan man röka och äta samtidigt. Det är ingen som klagar. Så här har det alltid varit i Grekland. Om ägaren är rädd för rökinspektörerna, sätter han inte fram några askfat. Man kan alltid gömma en fimp i tzatzikin.

Tid att skörda oliver

December 2011

Motorvägen mellan Athen och Kalamata gör det enkelt att resa ner till södra Peloponessos. Nästa sommar ska hela sträckan vara klar och vi kör på tre timmar ner till Mani som den mittersta halvön kallas. Vi kör söderut förbi Kardamyli, ner till Stoupa där hav och berg möts i en brutal skönhet. Här finns levande landsbygd med fiskelägen och befolkade bergsbyar.

"Det vilda Mani" har många förklaringar. Det finns en vild rikedom i floran i de här trakterna, som räknas till de artrikaste i Europa. Vår första resa hit i början av april, gick över bergen till Githio och sedan västerut i riktning mot Kardamyli. Färden gick långsamt mellan blommande fält och dikeskanter. Våren var kall i år. Många sa att detta var första gången på tjugofem år som det varit riktig vår i Grekland. Vanligtvis slår det om från vinter till sommar och hoppar över det som vi kallar vår. När vi kom fram till byn Dimitrios hade vi med oss intryck av ett landskap med tornhus som var annorlunda än allt vi hittills sett i Grekland. Det vilda Mani är också känt för sina fejder mellan familjer och byar. När det pågick som värst gällde regeln att barn, kvinnor och präster skulle sparas. En svensk präst stod nog lika högt i kurs som en hund. Något bättre idag.

På den slingriga vägen från byn Agios Dimitrios upp till den ännu mindre byn Platsa möter vi flera traktorer med släp fyllda med oliver i säckar, på väg till presseriet där oljan ska utvinnas. Stora olivlundar omger oss på båda sidor om vägen. Stengärdsgårdar omgärdar olivträden. Här i Mani på södra Peloponessos har inte något laga skifte genomförts och här äger man en jordlott här och där med några olivträd på varje, som ett stort lapptäcke med ett oräkneligt antal murar och grindar för att skydda sina träd från griniga grannar. I december ska oliverna skördas och träden ansas. Överallt surrar bensindrivna tolvvoltsaggregat som ger kraft åt de elektriska olivkrattorna som piskar ner frukterna i stora nät.

Efter en dag med olivkrattan hängde mina armar som bly. Jag hittade oliver i varenda ficka och hade jag inte haft skyddsglasögon hade jag varit blind av olivprojektiler som hela dagen farit kring huvudet. Kicki stod vid rensmaskinen och skilde blad och kvistar från frukter som fyllde jutesäcken med det gröna guldet.

Inför älgjakten i Värmland återvänder familjen till hemskogen för att röja jaktpassen och hålla slaktboden i gott skick. På Mani återvänder också släktingarna i december för att rensa marken under olivträden så att de stora näten kan läggas ut. Träden ska beskäras och riset ska brännas. Oliverna ska skördas och transporteras till kvarnen. Oljan ska tas om hand och fördelas inom familjen. De senaste åren har många haft råd att anställa arbetare under skördetiden. I år är ekonomin sämre och man gör mer av arbetet själv. Alla hjälps åt medan dagsljuset varar. När mörkret lägger sig fortsätter arbetet i olivpresseriet tills framåt midnatt. I hemmen blir det trångt kring matbordet. Det är många som återvänt till byn från städerna, och alla har mycket att berätta om vad som hänt sedan sist.

Vandringen upp till byn Platsa går längs en kalderim, en gammal stenlagd åsnestig. När romarriket inte längre kunde upprätthålla lag och ordning, tog pirater över herraväldet till havs och byar vid kusterna brändes och skövlades. Alltså tvingades många att bosätta sig en bit upp i bergen och både hus och hela byar byggdes som små fästningar för att skydda sig mot fiender. Från små hamnar transporterade åsnor fisk och annan last upp till byarna. Åsnorna var säkra på att finna vägar och de slingriga åsnestigarna stensattes för att stå emot regn och jorderosion. Längs en sådan kalderim vandrade vi uppåt, tills vi nådde byn med det lilla torget, kyrkan och caféet som har stängt mellan klockan ett och fem. Här uppe är det tyst. De enda ljud som hörs är en motorsåg som kapar grova grenar på något olivträd. Nedanför oss steg rökpelare lite varstans från risbränning i olivskogarna.

Olivoljan från Mani är mycket god. På tavernan inleds ofta måltiden med rostat bröd, några droppar nypressad olivolja och lite salt. Tillsammans med en liten ouzo blir det som en hel smaklig middag. Och det är bara början på en god måltid.

Italien köper stora mängder olivolja från Grekland. Där tappas den på flaskor och exporteras norrut i Europa som exklusiv italiensk olivolja. Grekerna har inte bara olivolja som en fantastisk exportprodukt. Här finns apelsiner, tomater och viner som överträffar det mesta. Men man producerar för husbehov och säljer på bymarknaden, som om det fanns en misstänksamhet mot att skicka iväg sina fina produkter till någon man inte känner. Och blotta tanken på att slå sig ihop med grannarna och bilda större produktiva enheter är omöjligt på många håll. Vem skulle i så fall organisera projektet? Systembolaget i Sverige skulle gärna köpa in grekiska viner om det fanns i större kvantiteter. Nemea och Boutari går på export men många fler skulle kunna följa efter om viljan och samarbetet fanns.

Bergskedjan Taygetos sträcker sig från Sparta ner till södra Mani. Eliastoppen lyser snöklädd på 2480 meters höjd. Bergen är fulla av grottor och tunnlar som har använts som bostäder och förråd sedan århundraden. Mani har varit och är en fristad för den som behöver en paus från storstadens avgaser och oljud. Här odlas både oliver och stillhet och här doftar röken från olivlundarna som god rökelse i naturens levande kyrka.

Två portar

Januari 2012

Ur en port på Sofokleosgatan går en kvinna med snabba steg tvärs över gatan. Hon har bråttom och hon tittar sig snabbt omkring för att se om gatan är säker. Det är den aldrig. Kanske har hon en hel del kontanter på sig. De prostituerade har för länge sedan lämnat tryggheten.

I en annan port står fyra män och väntar på att soppköket ska öppna klockan elva på förmiddagen. En av dem berättade för mig att han körde taxi och förlorade jobbet. Nu är kommunens och kyrkans gratismat hans räddning.

Inne på en sidogata byter droger ägare, snabbt och nästan osynligt. När polisen kommer, är det inte för att hindra affären, utan för att se till att alla håller sig där de ska vara; i skuggorna på den lilla gränden och inte ute på stora Athinasgatan.

För fem år sedan var det här området kring Omonia ett bra hotelldistrikt. Trevliga och billiga rum och ett ganska säkert område. Idag finns det fortfarande billiga rum att hyra. Men det är allt. Hotellgäster, som inte varit i Athen tidigare, frågar mig var de har hamnat och vill byta hotell.

För några dagar sedan träffade jag en pappa som kommer till kyrkan varje lördag med sina tvillingar. Vi pratade om stadsdelen Omonia och hur det området har förändrats. Då sa pappan till mig: det är min mammas fel. Det är på grund av henne som det finns så många drogmissbrukare i Omonia. Han berättar: när pappa dog så hade inte mamma råd att betala arvsskatt. Hon erbjöd regeringen att köpa fastigheten och göra vad man ville med huset. Regeringen köpte fastigheten och öppnade en metadonklinik för missbrukare. På ett par år har området blivit slumkvarter. Där bor idag många drogmissbrukare som står i kö till soppköket och som tigger pengar eller prostituerar sig.

Många familjer i Athen har idag ont om pengar. De som har kvar sina jobb har fått se lönerna sänkta och skatterna höjda. Priserna på mat och kläder är ungefär som i Sverige, men lönerna en tredjedel. Extra skatt på bostad och betalar man inte så stängs elen av. Det är ovanligt kallt i Athen i januari i år. Eldningsoljan är dyr och värmepannan går några timmar i bästa fall. En del familjer har inte råd att gå till vårdcentralen när man blir sjuk.

I Athen finns en vårdcentral som är öppen för dem som inte har pengar att betala. Organisationen ”Läkare i Världen” arbetar frivilligt för greker och invandrare med undersökning, behandling, mediciner och mat.

Föreståndaren George Papadakis är föreståndare och läkare med inriktning på diabetesforskning. Han pratar svenska och har arbetat på svenskt sjukhus. Till hans vårdcentral kommer flera läkare och sjuksköterskor och andra frivilliga för att sortera och lagra medicin och mat, och för att ta hand om en lång kö av väntande människor och för att i vissa fall få en tillfällig bostad.

Greker, nordafrikaner, patienter från Afghanistan och Bangladesh satt och väntade tyst på sin tur. Kanske fanns det en läkare på vårdcentralen idag som kunde hjälpa till. Jag följde med George in på barnmottagningen. Läkaren som arbetar gratis hade inte kommit än. Kanske hade han blivit försenad med några timmar. Man är van att vänta i Grekland. Här gäller inte en fast tid utan någon gång under dagen. Man väntar tills det blir dags. Det kan ta en dag.

Vi gick vidare uppför en smal trappa till medicinförrådet, där frivilliga höll på att sortera skänkta mediciner med kort datum. Även här var det trångt och varje utrymme används. I “Läkare i Världens” hus finns en våning där mammor och barn får bo en tid i väntan på bostad. Hit kommer också lärare för att ge undervisning i grekiska språket. På nästa våningsplan bodde hemlösa män. Överallt människor med olika behov och George hälsar artigt på alla. De vet att han inte kan göra allt man ber om, men han gör vad han kan för att vårdcentralen ska fungera.

På Centralsjukhuset i Karlstad var inte köerna lika långa, när jag arbetade som sjukhuspräst. Förråden med mediciner och kläder var stora och väl organiserade. George vet hur det ser ut på svenska sjukhus. Han har haft läkarjobb i Kalix och har fortsatt studera svenska för att kunna flytta norrut. Det där är inte aktuellt idag, säger han till mig. Här i Athen finns så mycket att göra.

Bakom många portar i Athen döljer sig livsöden som varken turister eller andra vill se. Här finns trånga gränder dit solen aldrig når. Efter att jag i mitten av januari har träffat och pratat med de som lagar mat till soppköket och de som lyssnar på rossliga lungor hos en man från Bangladesh, så känner jag att det finns hopp trots att köerna är långa. Många vet hur det ser ut bakom de stängda portarna och man vill hjälpa med det man kan göra.

På hemvägen åt vi lunch på den lilla källartavernan Diporta, som betyder Två Portar. Det hänger ingen skylt på utsidan och entrén är ett källarhål ner till matstället som har sju bord och en kock som lagar den godaste maten på det minsta kök jag har sett. Här finns ingen meny, utan gästerna äter den lunch som finns för dagen. Grillad fisk och kokta grönsaker. Och vin som tappas direkt ur de stora retsinafaten efter väggen. Som det alltid gjorts bakom de mest anonyma portarna.

Poseidon har det inte lätt

Mars 2012

För en vecka sedan tittade jag till den gamla prästlägenheten i Pireus som stått tom i två år i väntan på köpare. Fastighetsmarknaden står stilla i Athen. Bankerna lånar inte ut pengar och alla väntar på att priserna ska sjunka. Mäklaren är bekymrad och tror att det kanske kan bli lite lättare att få banklån efter sommaren, men han har inga stora förhoppningar. Idag går det att förhandla ner bostadshyran för den som inte äger sin lägenhet. Allting har blivit dyrare i vinter. Priset på olja och el har gått upp och den nya fastighetsskatten kom som en oväntad kostnad.

Jag öppnade skjutdörrarna till lägenhetens takterrass och såg stora containerfartyg långsamt styra in mot hamn. Båtar kommer och går i en strid ström till Athen. Sedan ett år tillbaka är det kineser som ser till att hamnen fungerar. Den kinesiske premiärministern var här på ett statsbesök och lovade hjälpa Grekland med att bygga nya fartyg med förmånliga lån och satsa pengar för att förbättra Pireus hamn. Kineserna fick ett långtidskontrakt på hamnen och började med att sänka lönerna och stänga ute fackföreningarna. Nya hamnarbetare ser till att båttrafiken fungerar medan de gamla hamnarbetarna tågar till Syntagma med banderoller och protesterar mot förändringarna. I Grekland vill man inte gärna öppna upp sina revir. Särskilt inte om det gäller typiskt grekiska områden som sjöfarten.

En bekant som arbetar inom shippingindustrin i Athen berättade att 2011 kommer att ses som ett lysande år för sjöfartsekonomin jämfört med 2012. Det ekonomiska läget i Grekland gör att många fartyg kommer att ligga stilla. Den stora grekiska handelsflottan saktar ner farten.

Sjöfarten har alltid spelat en viktig roll i Grekland. Havsguden Poseidon har i tusentals år vakat över vatten och fartyg. När grekerna under storhetstiden omkring 400 f.Kr. seglade ut från den attiska halvön, var Poseidontemplet vid

Kap Sounion det sista de såg. Man ville erövra havet och man visste att havet kunde slå tillbaka. Det kanske inte är så mycket som har förändrats genom årtusenden.

Hjalmar Gullberg gick vid Kap Sounion och skrev: Lyft som en lyra mot arkipelagen / skimrar Poseidontemplets ruin. / Pelarraden, solskenstvagen / spelar den eviga havsmelodin.

Det är på det viset många vill se på Grekland. Havet ska alltid skimra och solen ska lysa varje dag från en blå himmel. Om Poseidon fortfarande har något att säga till om så bör han bevara den gamla bilden av ett land som låter solen gå ner i havet bland gamla tempel från den stolta antika storhetstiden. Grekland har en märklig blandning av dåtid, nutid och framtid som drar besökare hit till Europas sydöstra hörn. Mitt i krisens tyngd finns en lätthet som vill ta dagen som den kommer. Framtiden är det svårare med. Men det har det alltid varit. Grekerna är vana att improvisera. Vi som har rötter i den kalla Norden kan inte sluta längta till Medelhavets ljus och lätthet. Fredrika Bremer skrev i mitten av 1800-talet:

“Men glad är jag att kunna säga till män och kvinnor i den höga Norden: är någon bland er, som lider till själ eller kropp av Nordens kulenhet eller livets blytyngd, så - sänden honom hit! --- hit, där luften är ren som frihetens luft, himmelen molnfri som en gudarnas boning, där templen på höjderna lyfta blickarna uppåt, och havet och bergen öppna stora, färgrika horisonter för öga, tanke, känsla, där allt är fullt av hoppväckande liv, forntid, nutid, framtid! “

Idag är det många greker som skulle säga att det är tvärtom. Livets blytyngd knäcker ryggen på många här som slitit i åratal för att få ihop till livets nödtorft och som nu inte får pengarna att räcka till hyra och mat åt sina familjer. Visst finns det molnfri himmel och gamla tempel på fler ställen än Sounion, men vad spelar det för roll om inte vardagslivet fungerar?

Idag har den helige Nikolaus tagit över Poseidons plats. Agios Nicolaus är sjöfararnas skyddshelgon och i Skandinaviska kyrkans lokaler hänger en stor ikon med Nicolaus som ser på dagens öluffare med goda ögon. Brudpar på resa i den grekiska arkipelagen får en Nicolausikon med sig på färden, så att den eviga havsmelodin inte ska tystna. Vi känner den helige Nikolaus bäst som Sankta Claus eller jultomten som ger goda gåvor.

Templet vid Kap Sounion var det första landmärket när grekerna återvände efter en resa till havs. Visst är templet solskenstvaget och man bör ha sett solen gå ner i havet vid Sounion. Inte hade Poseidon det lätt när han utmanade Athena om vem som skulle bli högste beskyddare av Athen. Poseidon slog sin treudd i Akropolisklippan och en källa rann upp. Tyvärr var vattnet inte sött men salt. Athena däremot fick ett litet olivträd att växa upp ur klippan. Livets träd i Grekland är ett olivträd som överlever bränder och stormar och ger god olja för året som kommer.

Demokratins vagga

Maj 2012

Det hörs inga valtal på den gröna ängen Pnyx i Athen idag. Det är tyst sånär som på några hundar som leker med sina hussar och mattar och prästernas röster i högtalarna från två kyrkor i närheten. Här sitter jag på den plats som kallas demokratins vagga med utsikt mot Akropolis, Imittos och Lykavittos. Bergen är landmärken i femmiljonerstaden Athen.

Pnyx var platsen där varje fri man under antiken hade rätt att framföra sina åsikter om samhället. Någon talade och några lyssnade. Här möttes folkförsamlingen - ekklesia - samma ord som vi använder för vår kyrka i Athen, Eklisia Souidiki. Härifrån fördes åsikterna vidare ner till Agoran där Senaten fattade beslut om livet i staden. Man byggde framtiden på erfarenhet och drömmar.

Idag är det ingen som hör mig när jag sitter i gräset på Pnyx med ritblocket i handen. Vem bryr sig om demokrati längre? Det är nästan ingen som hittar till Pnyx fast det ligger mitt i hjärtat av Athen. Demokratins vagga har blivit en rastplats för hundar.

Nu är det parlamentsval i Grekland och det borde vara samhällsdebatter i varje gathörn. Men icke. Mitt i påskfirandet för två veckor sedan beslutades det att val ska hållas. Vem hinner förbereda sig med så kort varsel? Vilken minister har något nytt att komma med som öppnar en liten grind till framtiden? Politikerna är bra på att prata i Grekland. Många stora löften sprids nu i media men ingen tror på vad de säger. Varför skulle man lita på deras ord den här gången? Röstplikten i det här landet gör att många ändå kommer att gå till vallokalerna på söndag och rösta blankt för att visa att man vill ha en förändring. Alternativen är långt borta.

I det grekiska parlamentet är det männen som styr. Kvinnorna i parlamentet är kunniga och duktiga och kliver in på arenan då och då. Som när Grekland arrangerade olympiska spelen 2004 och allting försenades och ingen trodde att något skulle bli klart till invigningen. Då steg en kvinnlig politiker upp på den politiska scenen och organiserade förberedelserna, så att arbetet satte fart och arenorna blev klara. Hon vann folkets förtroende och sågs som nästa kandidat till posten som premiärminister. Tyvärr upptäcktes det att hon och hennes man hade gjort sig en stor förmögenhet på affärer i samband med OS. Hon klarade inte att hålla fingrarna utanför syltburken.

Häromdagen hörde jag om en kvinnlig borgmästare på Peloponessos som ville få fart på sin stad. Bokföring och regelverk var det inte så noga med och pappershögarna växte. När hon inte fick någon ordning på förvaltningen av sin kommun, tog hon kontakt med några invandrarkillar och bad dom sätta eld på kommunhuset. Huset och papperen brann ner och efter några dagar fick killarna dåligt samvete och gick till polisen och anmälde sig själva. Borgmästarens förtroende gick upp i rök.

Snart börjar persikosäsongen och ett distrikt annonserade att man behövde 5000 plockare. För att visa lite omsorg om landets ekonomi, så meddelades det att man i första hand skulle anställa greker före albaner, pakistanier och andra billiga dagsarbetare. Lönen var riktigt bra. Endast EN grek anmälde intresse.

Det är inte bara Sverige som tronar på minnen från fornstora dar. Här, i demokratins vagga vill man gärna tro att det är folket som har makten. Kungen är utslängd ur landet och juntan vill man för allt i världen inte ha tillbaka. Många fackföreningar är starka och visar musklerna så fort det är viktiga debatter i parlamentet. Men finns det någon demokrati kvar här i Grekland?

Demokrati bygger på att det finns en kultur som bygger på historien. Historien skapas i varje tid genom handling och engagemang. Idag pratas det mycket i parlamentet men inte mycket görs. Det fattas handling och satsning på utbildning och företagande. Ungdomar lämnar landet och företag läggs ner. Arbetslösheten växer och butiker tvingas stänga. Men pratar gör man och så tror man att det är demokrati.

Kyriakos Mitsotakis är vice ordförande i oppositionspartiet Ny Demokrati och han berättar att regeringens miljödepartement har sin administration i 28 byggnader, där hyran uppgår till 10 miljoner euro. Statsapparaten har under många år sett om sitt hus och byggt ut förvaltningen med tusentals anställda och dyra lokaler. Mitsotakis menar att det borde gå att spara några euro redan i den statliga administrationen. Nu är det val och då ska det hushållas. Är det någon som tror honom?

Pnyx är lugnt och fridfullt. På håll ser jag floden av turister som långsamt flyter uppför stora entrétrappan till Parthenontemplet på Akropolis. Turistguiderna berättar om Athenatemplet som var kultplatsen i ett triangeldrama mellan statens centrum på Agoran och folkets centrum på Pnyx. När balansen finns mår samhället bra. Idag har staten och kyrkan lagt beslag på makten. Demokratin har tappat sina verktyg och fler och fler ger upp tron på inflytande och utveckling.

På hemväg från Pnyx passerar jag Sankta Marina-kyrkan där det snart ska bli dop för en liten kille. De blå ballongerna svävar över kyrkporten och gästerna anländer med ljusblåa leksakshästar och vagnar. Till Sankta Marina-kyrkan kommer gravida kvinnor för att be om en säker förlossning och god hälsa för sina barn. Och vill man vara på den riktigt säkra sidan, så ska man krypa på knä uppför trappan. Det är därför som kyrkan är byggd på en sluttning. Det ska inte vara enkelt i Grekland, det ska gå långsamt.

Apelsin och jakaranda

Juni 2012

De blå jakarandablommorna hänger fortfarande som ett flor över Zappionallén i centrala Athen. Underbart är kort, även här. Skomakaren som tog ledigt mellan hägg och syren i Sverige, skulle nog ta ledigt mellan apelsin och jakaranda här. Våren kom en månad senare än normalt efter en lång och kall vinter. Nu tar den torra sommaren vid. Blomningstiden går mot sitt slut och värmen tar över.

Det är mycket som är mellan här i Grekland. Landet är mellan öst och väst och verkar inte riktigt veta vart det hör. Vi lever mellan antikens historia och det moderna samhällets framtid. Just nu är vi mellan två val som kan avgöra Greklands öde.

-Den här mellantiden är bra, sa en vän till mig på Rhodos i förra veckan. Titta bara på torget nere i Gamla Stan i Rhodos. Där har det stått en massa stolar och bord som en taverna har använt utan tillstånd. De har stått där i flera år för att ägaren har mutat någon politiker i kommunledningen. Nu är stolarna borta. Polisen har äntligen gjort något åt problemet. Man känner ju inte de som just nu har makten i landet, och därför vet man inte vem man ska försöka muta. Det här är en klar förbättring. Den här mellanregeringen borde få fortsätta.

Flera svenska familjer som levt här i många år, upplever nu att man är i valet och kvalet mellan att stanna kvar eller flytta tillbaks norrut. Man slits mellan den sociala tryggheten i Sverige och den sociala gemenskapen i Grekland. En student som har sjungit i vår kör, ville inte flytta härifrån som sina syskon. -Jag vill hellre bo i ett land där man får tycka olika och prata högt på bussen och bära kläder som är annorlunda. Grekland är rörigt men tillåtande.

Det är inte enkelt att leva i mellanrummet där drömmen förde den frusne svensken till landet vid Medelhavet med sol och god mat och långa stränder men verkligheten drar norrut till ett blött och kylslaget land med bra skolor, trygg äldreomsorg och en demokrati som fungerar. Jag möter svenska familjer som berättar att de planerar att flytta, men en tår i ögonvrån säger att själen vill stanna kvar.

Nyvalet den 17 juni blir en rysare. Flera scenario har målats upp med spekulationer om vad som händer om Grekland lämnar eurosamarbetet och kapar livlinor med Europa. Det är som att välja mellan pest och kolera. Vad som än händer väntar svåra tider med stora utmaningar. Många väntar nu i det osäkra valet mellan gammalt och nytt. Man vet vad man har men inte vad man får. De gamla politikerna har förbrukat mångas förtroende och de nya vet man inte vad de går för. Grekland gungar som en gammal vulkan i väntan på utbrott eller vila.

Här kan man ta vara på mellantid, den där luckan som blir från det ena till det andra. En minuts gångväg från min bostad i Plaka är biltrafiken intensiv på stora Amalias-gatan. Mitt i en korsning brukar några jonglerare hålla till och bjuda trafikanterna på underhållning medan de väntar på grönt ljus. Jongleraren vet precis när han ska sluta, för att ha tio sekunder på sig att springa mellan bilarna och håva in kollekten. Han får bra betalt för att han fick bilförarna på gott humör, en kort stund mellan rött och grönt.

Mellantider kan bli väldigt långa. I många affärer i Athen är det långt mellan kunderna. Matpriserna här är bland de högsta i Europa. På en hylla står en TV som visar någon gammal serie i repris för tjugonde gången. Det håller butiksägaren vaken, men ger inget i kassan. Priserna är höga och kunderna sviker. Snart måste även den här butiken stänga. Det finns de som tror att om den gamla valutan, drakman, skulle återinföras så skulle priserna sjunka och sätta fart på affärerna igen. -Det är väl bättre att sänka priserna redan nu, sa en vän till mig, så att butikerna får tillbaks kunderna och folk får råd att handla. Det verkar vara svårt att se sambandet mellan pris och försäljning. Men priserna är olika om jag betalar med kort eller kontant. -Finns det kontanter så ger vi tio procent rabatt, säger försäljaren till mig. Och det är klart, då hamnar pengarna i en liten låda vid sidan om och kanske får man ett handskrivet kvitto.

För några veckor sedan fick vi besök av en kör från Arvika. De blev glatt överraskade av att nyheternas undergångsbilder inte riktigt stämde med verkligheten. Gästfriheten mot xenos - främlingar - är varm, och värmlänningarna ville inte åka hem. Jösseháringar har lätt att känna sig hemma i Grekland, där man är bra på att jonglera med både ord och infall.

Spela kines

Juli 2012

-Det här är rena grekiskan för mig, tänkte jag när vi satt på kontoret för att öppna ett privatkonto i den grekiska Alfa-banken. Allt verkade gå oss emot och jag kände hur blodtrycket steg. Kassörskan sa något surt till sin kollega, som skrek något giftigt till sin chef, som suckade och satte sig vid sitt stora skrivbord och vände på några papper. De frågade vad min pappa och mamma hette. De frågade var vi bodde och om vi hade arbete i Grekland. De frågade om vi hade uppe-hållstillstånd och vi försökte förklara att det nya bankkontot var till just för att vi skulle söka uppehållstillstånd nästa dag. -Är han verkligen en riktig präst, sa kassörskan, och tittade på mig som satt i shorts och t-shirt och varken hade svart burk på huvudet eller långt skägg och hår. -Jo, han är präst, sa vår medhjälpare, och i Sverige kan man se ut som en vanlig människa även om man är präst. Kassörskan log och skakade på huvudet.

Här i Grekland säger man inte att det är rena grekiskan, här säger man att man spelar kines när man inte förstår något alls. Ganska ofta måste man spela kines för att inte börja skrika åt en banktjänsteman eller en polis. Det hjälper inte att bli arg och visa att man är irriterad och håller på att explodera. Det är mycket bättre att spela kines och se att allt är en teater som börjar i ett kaos men slutar i att vi får vårt nya bankkonto och går därifrån glada och förvirrade.

I soluppgången nästa dag stod vi i kö utanför migrationsverkets lokaler på Petro Ralli-gatan i Athen. Hundratals pakistanier, afghaner, nordafrikaner och ryssar trängdes med sina ID-papper i handen. Och så vi, en handfull EU-medborgare som bildade en egen liten VIP-kö som vaktades av poliser med automatvapen hängandes över magen. Vi som stod där med våra pass och våra skäl för att få stanna i landet, vi tillhörde olika världar. Några kommer att samla skrot ur sopcontainers resten av livet. Andra kommer att plocka tomater tills man stupar. Jag fortsätter att vara präst i en skandinavisk kyrka i Grekland under några år, och behöver uppehållstillstånd för att få stanna.

-Håll tyst här inne, skrek den morgongrinige polischefen, när vi satt och väntade på att bli uppropade till disken där våra papper kollades. -Jag är inte arg, jag är inte irriterad, jag har bara hög röst och jag vill att ni visar respekt för polisen, även om vi inte bär uniformer här idag, sa polismannen och såg ut över väntsalen. -Och dessutom finns det en präst och en prästfru här, så jag vill att ni visar lite respekt. Är det uppfattat? Bäst att spela kines, tänkte jag och såg ut att inte förstå någonting alls. Våra vänner hade ju tvivlat på att vi skulle lyckas på första försöket. Man brukar få åka tillbaka med nya papper.

Vår advokat som var med oss för att förklara och vända och vrida på alla papper blev på bättre och bättre humör när hon hörde att polischefen sa till de väntande att vi var från Sverige. Någon kom från det land dit många längtade för att bo och arbeta här. Det borde väl betyda att det finns något bra med Grekland trots kris och elände. Vår advokat gjorde en typisk grekisk min med mungiporna neråt och uppdragna axlar och slog ut med händerna: -grekerna har så svårt att planera för framtiden. Här lever man för dagen och tänker inte så mycket på att det kommer en morgondag. Här vet man inte hur man kan påverka sin situation och sitt samhälle. Man känner en maktlöshet inför utvecklingen och därför gör man vad man kan av dagen. Det är ju det enda man kan styra över.

Antagligen var det rätt metod att ta det lugnt och bara vänta. Polischefen behandlade vänligt våra ansökningspapper och gav oss förtur fast vi var sist i kön. Den här gången hjälpte det att ha prästskjortan, långbyxorna och de svarta skorna på. Kläder och titlar öppnar dörrar och efter fem timmar var vi på väg hemåt med fem års nytryckt uppehållstillstånd i fickan.

Nästa morgon står det lika många pakistanier, afghaner och nordafrikaner utanför grindarna och viftar med sina ID-handlingar för att få en stämpel och ett hopp om att få stanna i landet. De kommer tillbaka gång på gång. De har vant sig vid otryggheten och osäkerheten inför morgondagen. Men de kämpar på med att tvätta bilrutor och packa gurkor i lådor och skäms inte för att de är fattiga. Det är vi EU-medborgare som skäms för att vi måste låna pengar till vårt uppehälle. Och grekerna skäms för att behöva göra grovjobben som invandrarna kan göra. Och jag skäms lite grann för att jag har det väldigt bra. Men nu har jag lärt mig att när det blir för svårt att förstå, då kan jag alltid spela kines.

Tågmästaren på Kreta

Augusti 2012

Augusti är semestermånad i Grekland. Storstadsfolket från Athen tar bilfärjan över till Chania med sina stadsjeepar och retar gallfeber på de lugna chania-borna. Athenarna parkerar där man behagar, lägger sig på tutan så fort rödljuset slår om till grönt och kör om i högerkurvor, precis som hemma. Går det så går det. Den varma sommaren blir ännu hetare när det vackra folket från Attika stressar upp lugnet i det kretensiska reviret. De som bor i Chania bor inte i första hand i Grekland, de bor på Kreta. Revirtänkandet är starkt och man hör hemma i sin by där släkten har bott i många generationer. Där gör man som man vill och huvudstaden heter Heraklion.

Jag har varit två veckor på Kreta med nitton vigslar och många möten med skandinaver som bott länge på ön. Brudparen kommer med en önskan om att få säga ja till varandra utan att störas av en massa måsten och konstiga förväntningar. Ett kyrkbröllop i Sverige är vackert och stämningsfullt men många minns inte efteråt vad som hände. Det blir för många tankar om maten som ska räcka till åt alla och funderingar om gäster som lämnat återbud och släktingar som ska hålla tal som aldrig slutar. När brudparen reser till Kreta, lämnar de sådant bakom sig och åker långt bort för att komma till varandra. Man skapar ett litet provisoriskt revir med en stillhet och en närvaro som ger plats för ett möte som vill något viktigt för framtiden. Det känns som en förmån att få vara med och sätta ord på det som sägs i tystnaden mellan två människor som älskar varandra. Inte mycket. Bara som att blåsa försiktigt på en såpbubbla så att den lyfter.

Kreta känner också av den grekiska krisen, även om kretensarna har en annan blandning av jordbruk och turistnäring jämfört med många athenare. Våra vänner som driver en taverna på sydvästra Kreta har sett en ökning av gäster i år jämfört med förra året som var ett bra turistår. Och fler turister vill uppleva den goda stämningen på lokala tavernor och mindre värdshus och väljer bort all-inclusive-hotellen.

Kreta är som övriga landet, en blandning av hårt arbetande greker och kompisar till politiker som fått jobb för att man röstat på någon man känner. På Kreta finns en tågmästare som får lön för ett jobb som han aldrig har haft. Det finns inga järnvägar på Kreta men det finns en tågmästare. Det är inte konstigt om vår gode vän, som drivit taverna i många år, reser till Sverige och väljer att köra buss i Södertälje i stället för att laga mat och skörda oliver i sin by. Han är så trött på korruptionen i Grekland som sätter krokben för småföretagare och som river ner sjukvård eller skola.

Att vara tågmästare i ett land som inte har några järnvägar, är som att vara vaktmästare utan något att vakta eller sekreterare utan att kunna skriva. Många berättar om grannar som gått till jobbet på morgonen, hängt av sig kavajen och gått ner till caféet för att få tiden att gå. Arbetsuppgifter saknas. Jag förstår inte varför så många har tackat ja till tjänster utan innehåll därför att man fått en liten summa pengar samtidigt som man lovat att rösta på en viss politiker. Det är ett märkligt system som har fått många greker att fastna i ett beroende av små ersättningar för trogna sympatier.

De många små grekiska kyrkorna är också prästernas revir. De vaktar kyrkans traditioner och hittar ofta något att reta sig på. Vänner på Kreta berättade om hur de under ett par år satsat tid och pengar för att restaurera en församlingslokal. Vid invigningen höll en av eldsjälarna tal och tackade prästen för gott samarbete. Någon viskade i örat på prästen att talaren är rotarian, varpå prästen och hans sällskap reste sig och gick därifrån.

Min ortodoxe kollega i Chania fejade i sitt lilla kapell i Chania, klädd i sina fotsida prästkläder. Alla stolar bars ut på kapellgården och allt skulle tvättas och målas. Han förberedde ett grekiskt bröllop och festen vid midsommar var en stor högtid när blomkransarna från första maj bränns och sommaren hälsas välkommen på riktigt. Prästen var alltså i högvarv och där kom jag i min prästskjorta och den gröna stolan hängande runt halsen. Jag tänkte att det var bäst att hälsa på prästen, men det skulle jag inte ha gjort. Så fort han såg mig, kom han mot mig som en ilsken vakthund. Jag kände mig som en brevbärare som gått innanför reviret och blev utskalld, inte bara av vakthunden, utan även av ett par medhjälpare som gläfste så mycket de kunde. Ingen idé att skälla tillbaka, tänkte jag och visade ett papper på att jag hade tillstånd att ha vigsel på den här platsen, men det var ett år gammalt och det gällde inte längre, tyckte vakthunden. Vad gör man? Jag sträckte fram handen till en hälsning. Han bara vände om och gick.

På Kreta skiner solen varje dag. Vattnet är varmt och klart och den grekiska maten smakar underbart. Naturen är storslagen och gästfriheten är öppen. Det är inte underligt att svenskarna återvänder till denna ö år efter år för att känna att livet är gott att leva. Men det är märkligt att den lille prästen i sitt lilla kapell är så rädd för att bli störd i sitt revir att han börjar skälla så fort han ser en annan präst från ett annat land som vill sätta ord på vänskapen. Den ortodoxe prästen såg inte att hans församling står och faller med turister från nordliga länder som vill komma till hans hörn av världen för att fylla på med värme och vänskap, inte kyla och avståndstagande.

Elva miljoner jag

September 2012

Patienten ligger på operationsbordet, säger min vän reseleda-ren i Heraklion. Patienten måste opereras och patienten heter Grekland. Kom ihåg, säger min vän, att Grekland består av elva miljoner jag. Det går inte att få ordning på ett land som har så svårt för att tänka att det handlar om vi tillsammans. Jag svarar reseledaren att när jag reser från Sverige till Grekland, är det som att komma till en stor familj där alla pratar med alla och bryr sig om varandra, och man vill gärna sitta trångt, både på stranden och tavernan. –Jodå, säger reseledaren, så är det på ytan, men det är den egna familjen som man verkligen bryr sig om. Man litar bara på sig själv.

Sommaren i Sverige var sval och grön. Sommaren i Grekland var het och vit. Vänner i Athen har aldrig varit med om så lång värmebölja. Veckor över 40 grader. Efter en lång och kall vinter kom sommaren plötsligt med stark värme i mitten av juni och sedan har det pågått vecka efter vecka. Man orkar inte göra någonting när det är så här varmt.

Jag lämnade Athen efter ett dygn och tog båten till Kreta, där det är lite svalare. Två veckors arbete var inplanerat på ön sedan länge. Jag somnade utanför Piraeus och vaknade i Heraklion. Färden gick med bil över bergen mot Kretas sydkust och den lilla byn Mirtos. Där firade vi påsk när apelsinträden blommade. Där firade vi midsommar och planterade Moreaträd i juni. I augusti plockade vi fikon och vindruvor längs vägen hem till vårt hus. Över hela Kreta kör små lastbilar och pickuper fullastade med vindruvor och meloner. Nu är det skördetid för det som växt under bar himmel.

Den långa sommaren har bränt marken vit av sol och varma vindar. Men i Mirtos var marken svart runt om byn. En skogsbrand i början av augusti fick fart i nordanvinden och stoppades till slut femtio meter från byns bensinstation. Röken låg tät och flera byar evakuerades. Senaste storbranden var 1984 och för trettio år sedan fanns inte ett brandförsvar som kunde vattenbomba med helikopter och flygplan. Den här gången var brandflyget upptagna första dagen med att släcka andra bränder på nordkusten. Utan deras hjälp hade nog hela Mirtos brunnit ner, trodde en hotellägare i byn.

Branden började i bergsbyn Mornies, där en herde brände gräs för att få bättre bete till sina getter inför nästa säsong. –Folk är inte kloka, säger en vän i Chania, man slänger cigarettfimpar från bilar och man eldar skräp utan att tänka på följderna. Solen är farlig men vinden är värre. Det är ju bara en liten getherde som eldar lite gräs. Var skulle han ha lärt sig att det kan drabba fler än honom själv. Grekland består av många jag som har svårt att tänka vi.

Hotellchefer och reseledare som vi träffat på Kreta i augusti berättar samma historia; säsongen startade tveksamt och turismen sjönk med 30 procent i början av sommaren. Oron var stor inför de skrämmande hotbilderna om statsbankrutt och bankkonkurser och strejker bland båtfolk och flygledare. Forex försökte få folk att tro att det inte fanns några kontanter i Grekland och media fokuserade på regeringskris, gatustrider i Athen och fattiga pensionärer som letar mat i soptunnor. Den svenska sommaren fick många att börja längta till Grekland igen, och under sensommaren har hotellen haft full beläggning. Det ser ut att bli ett bra år för turistindustrin, särskilt på Kreta. Till stor del beror det på att turister från Ryssland och andra öststater har upptäckt Grekland.

Det kommer att ta många år för jorden att repa sig efter skogsbränderna på Kreta och det kommer att ta lång tid för Grekland att repa sig efter den depression som landet befinner sig i. Hemma i Sverige i somras fick jag många gånger frågan; hur ska det gå att få någon ordning på Grekland? Vad är det som behövs för att landet ska återhämta sig?

Jag tror att det handlar om en grundläggande brist på

tillit. Det saknas en vi-känsla som får grekerna att vilja och våga satsa tillsammans på sitt land, sin provins, sin stad och sin by. Naturtillgångarna är stora och grekerna jobbar mest i Europa. Men man har svårt för att jobba tillsammans. Hellre kör man en last vindruvor på sin lilla mopedbil till torget för att sälja i lösvikt, än att gå samman med grannen och starta en vinfabrik och förädla råvaran. Samverkan och framförhållning är inte grekernas starkaste sidor.

Nu kommer september, den bästa månaden här enligt många. Havsvattnet är behagligt varmt och kvällarna är ljumma. En middag på tavernan avslutas alltid med färsk frukt och kanske ett glas hemgjord raki. För den som kan ta en dag i taget är det gott att leva i Grekland.

Sju källor

Oktober 2012

På en skylt vid bäcken stod det tydligt: "Gå inte i vattnet! Det är dricksvatten." Ute i bäcken gick både barn och vuxna omkring för att känna hur kallt vattnet var och för att fotograferas i den märkliga strömmen. Grekerna är inte så bra på att läsa skyltar. Man måste inte följa allt som står. Det är inte på allvar, det är mest rekommendationer som man kan följa om man vill. Men för det mesta är skyltar något man inte litar på. Den som har gjort skylten ville nog bara luras eller skoja lite.

Jag stod vid det porlande vattnet i Sju källor, epta piges, och förundrades över att det faktiskt finns rinnande vattendrag på Rhodos. Det rinner fram sju underjordiska strömmar på ett och samma ställe och vattnet leds sedan till en damm där rörledningar för det vidare ner till närmsta by. De tekniska lösningarna stod italienarna för under fyrtiotalet när det kom tekniker från grannlandet i väster. De konstruerade broar och dammar och bidrog till Rhodos tekniska utveckling på många områden. Men efter kriget kördes de ut och landet sjönk tillbaks till det gamla livet med oliver och getter.

Underjordiska strömmar finns det gott om i Grekland. Flöden som inte syns. Det är som om det finns ett Grekland på ytan och ett annat som inte syns men som är det verkliga Grekland där kontrakt görs upp, pengar flyttas, byggprojekt konstrueras och planeras, sjukvården beslutas, framtiden målas upp. Under ytan flyter strömmar av kontrakt, pengar, politiska beslut som ingen ser men som då och då strålar samman till ett synligt flöde. Sju källor blir inte bara en liten lummig plats vid Tsambika på Rhodos sydostkust, utan en samhällsutveckling som tvingas upp till ytan av en ekonomisk kris som världen försöker att synliggöra och hantera.

Från de sju källorna leds vattnet till dammen via en liten tunnel, precis så stor att en vuxen människa får plats att gå rak, 180 cm hög och 60 cm bred och 150 meter lång. Genom tunneln skulle jag gå i beckmörker med vatten till anklarna. Det hör liksom till att följa vattnet och beundra de som en gång byggde storverket. När jag gick barfota i det rinnande vattnet, hade jag bara en tanke i huvudet; jag får inte ramla! Om jag ramlar kanske jag fastnar och jag ser ju ingenting. Sätt ner fötterna försiktigt, en i taget, och halka inte. Gå inte för fort och inte för sakta. Akta huvudet!

Det kanske är så det är med de underjordiska strömmarna. När vi väl kikar in under ytan så är det kompakt mörker och jag ser ingenting och förstår ingenting. Men efter ett tag vänjer sig ögonen och det går att se ett och annat. Och det är inte alltid trevligt att se det som finns under ytan; hederliga företagare som blir beskattade så man tvingas lägga ner verksamheten. Byggprojekt som stoppas av ett konkurrerande företag. Apotek som saknar mediciner för att det inte finns pengar att betala läkemedelsföretagen. Jag är inte säker på att jag vill veta allt som pågår i de underjordiska tunnlarna.

Turistsommaren har varit bra på Rhodos. Det började lite tveksamt med oro för strejker och bankkonkurser. Den blöta nordiska sommaren fick många att boka en solresa och sedan har hotellen varit fullbelagda och den nya turistströmmen från Ryssland har hjälpt Rhodosborna att tjäna pengar på allt från pälsförsäljning till uthyrning av fyrhjulingar. Men det är inte turisterna som styr, utan resebolagen. Säsongen på Rhodos kortas ner. Det finns mer pengar att tjäna i Egypten och Thailand. Det spelar ingen roll om en frusen nordbo vill resa till Rhodos i mitten av oktober för att uppleva svensk högsommar med varma havsvågor. De underjordiska strömmarna som ingen ser har bestämt att då ska vi resa någon annan stans. Och Forex har sagt att det finns inga kontanter på Rhodos. Men det är inte sant. Det är inte mycket som är sant. Så varför skulle man tro på skylten "Gå inte i vattnet!" Den är nog inte heller på riktigt.

-Det går bra för mig, säger min vän pälshandlaren på Rhodos, och pekar på alla ryssar som är inne i butiken för att handla. Men utan ryssarna skulle det inte fungera. Säsongen blir allt kortare och vi ska leva resten av året på det som vi tjänar under sommaren. Affärerna som säljer guld har inga kunder. Bilfirmorna måste stänga ner. Krisen har nått till Rhodos och detta är första sommaren som flera mindre hotell måste stänga. Bokningsfirmorna väljer säkra kort.

Jag bodde på ett litet hotell i Rhodos stad. Personalen är mycket vänliga och hjälpsamma och de gör allt för att trötta turister från Skandinavien ska känna sig hemma på det lilla hotellet med det stora hjärtat. Vid frukosten går Sofia omkring och hälsar ett glatt Kalimera till gästerna. Det är tredje året vi möter henne och hon är som Sola i Kallsta. När jag säger till henne att hon gör ett jättebra jobb, så tar hon fram ett litet kort ur fickan och ber mig att maila några rader av beröm till det stora bokningskontoret. -Vi behöver allt stöd vi kan få, säger Sofia. De små hotellen ligger illa till och vi vill gärna vara kvar. Jag lovar henne att maila och skriva positivt om hotellet.

På Rhodos letar man med ljus och lykta efter nya källor för det ekonomiska flödet. Allt är inte synligt på ytan. Det verkar dock som om hotelltrenden har vänt. Folk söker sig från de jättelika all inclusive-hotellen till de små familjeställena. Det lilla kommer tillbaka. Det personliga och varma. Det som funnits i flera generationer. Det som är Grekland.

Jul hemma

December 2012

Det skäggiga originalet vandrar omkring i vårt kvarter och hummar och muttrar för sig själv. På långt håll ser han ut som jultomten. På nära håll kliver jag åt sidan när jag möter honom. Tvättat sig har han nog inte gjort i år och kommer antagligen inte att göra förrän han hamnar på sjukhus eller bårhus. Hans kläder är lortiga som om han rullat sig i sopor och sulan på hans högersko har lossnat. Rester av hans senaste måltid sitter kvar i skägget. Ibland sover han i porten mitt emot vårt hus. Hans hem är gatan och där kommer han att fira jul i år också. Ett par nya skor skulle han behöva i jul-klapp men jag tror inte han klarar att ta av sig de gamla. Han har också ett hem någonstans dit han skulle vilja resa och fira jul men den vägen är stängd. Han kan inte återvända. Den här vintern är han en luffare som letar värme utanför en affär. Julen är hans värsta tid och kanske hittar han en filt att svepa om sig när nattkylan sätter in. Han har glömt var hemma är och han orkar inte minnas.

Mina skor är i bättre skick än hans men jag behöver ett par varmare vinterskor. Inne i värmen på det stora varuhuset Attika i Athen letade jag på skoavdelningen. Det behövs skor i Grekland när de kalla vindarna från Balkan får fötterna att domna bort. Personalen på skoavdelningen log trots att de inte hade så många kunder fast det var mitt i julrushen. Ge-neralstrejk några dagar före jul gör ingen handlare glad. Tunnelbanan och bussarna stannar och folk tar sig inte in till centrum. Ur högtalarna spelades ”Driving home for Christmas”.

Jag drömmer om en jul hemma, men vet inte var hemma är längre. Nu är det tredje julen vi bor i Grekland och vårt hem i Athen är alltmer den plats där jag lever mitt dagliga liv med vänner och arbetskamrater. Allting som var annorlunda blir med tiden vanligt. Det händelserika livet finns här i Grekland. Det går bra att resa tillbaka men att återvända blir allt svårare. Jag börjar känna mig hemma i det här landet och vill lära mig tala språket och förstå kulturen. Från början fick jag höra: -Grekland är inte Europa, det är en del av Asien. Här bor jag på tröskeln till Europa och hit kommer människor från både Afrika och Mellanöstern för att försöka ta sig in i den del av världen där jag är hemma. Jag vill stanna och de är på väg och vill vidare. Flyktingar och migranter vill finna en plats där de kan känna sig hemma och det enda de vet är att där som de en gång hade sina hem, går det inte längre att bo.

Det är nog inte konstigt att jag börjar bli lite nostalgisk och få hemlängtan till Värmland ibland. Första barnbarnet i Karlstad gör att kompassen pekar norrut ganska ofta. Vissa familjehändelser är ju lika viktiga som presidentbesök och skuldavskrivningar. Barnbarn som börjar gå själv och börjar prata kan ju få vilken aktiekurs som helst att stiga. Vad är väl konkurshotet mot SAS mot en kurragömmalek med sitt barnbarn? Det finns viktiga världshändelser som ett par nya barnskor och så finns det bagateller som sopstrejk och annat.

Jag träffade häromdagen en kristen läkare som har kommit från Pakistan för att försöka finna arbete i Grekland. Myndigheterna säger att hans papper snart ska vara klara och att han snart kan ta hit sin familj som lever under dödshot hemma. Men papperen blir aldrig klara och läkaren misstänker att hans hemland har inflytande över migrationsmyndigheterna här. Hans papper ska aldrig bli klara. Man vill att han ska ge upp, men han kan inte återvända hem.

Jag kan resa tillbaka men det är svårt att återvända. Har man en gång flyttat förblir man en främmande, även om det är för en begränsad tid. Det som en gång var hemma har förändrats och finns inte kvar så som vi minns det.

Förra julen blev det en hel del rester kvar efter kyrkans julbord. Vi packade matlådor som togs med ut i Zappeionparken och ställdes vid uteliggarnas tillfälliga hem inne bland träden. Gubbarna delade julmiddagen med löshundarna som också har sitt hem på en bit wellpapp och några filtar.

I år är det ännu fler som har sitt hem på gatan, i en portgång eller i någon park. Och inom mig hör jag musiken från det stora varuhuset: ”Driving home for Christmas”. Hemma är inte längre vad det varit. Här vilar du i ringhet klädd på fattigdomens bädd.

Hundra meter längre bort, framför Zappeion har Athens kommun byggt upp en stor och fin julkrubba med glimmande ljus, en gran och karuseller. Barnet i krubban ligger mjukt och varmt med tak över huvudet. Änglar håller vakt. Hur skulle det se ut om jesusbarnet låg på en bit fuktig wellpapp under en hög trasiga filtar inne bland träden där hundarna vaktar om natten?

Strejk

Februari 2013

Jag har börjat vänja mig vid att det är strejk på gång. Metron står still eller så är det trådbussarna som inte kör. De blå bussarna går till klockan fyra, sedan slutar de köra. Det blir taxi om inte de också strejkar. Ibland är det sympatistrejk med några andra. Och ibland hänger flygledarna på och då stannar allt. När medicinsubventionerna ändrades, då strejkade personalen på apoteken. Elverksarbetarna strejkar och stänger av strömmen. Är det inte strejk så är det något helgon som ska firas. Allt stannar upp.

För några år sedan kunde fackföreningarna skicka ut sina medlemmar i strejk på arbetstid. Idag är det annorlunda och strejk betyder avdrag på den lilla lön man har kvar. Häromdagen körde jag förbi hundra traktorer på rad med svarta flaggor utanför staden Pyrgos. De strejkade i protest mot nya skatter för bönderna.

Strejkerna i Grekland har varit ett sätt att påverka politikerna och företagen. I Sverige är vi vana vid att staten uppfostrat folket, medan i Grekland är det folket som uppfost-rar staten. När jag har uttryckt min skepsis till att strejker och demonstrationer utanför parlamentet på Syntagma har någon effekt, så har jag fått till svar: "Jodå, dom lyssnar till vad folket säger på torget utanför. Dom har örat mot marken, även om det inte verkar så."

Det kanske har varit så tidigare, men idag är det andra krafter som styr. En bekant sa till mig "När skeppet sjunker, så måste man simma". Det går inte att bara se på när allt går under, man måste göra något även om det inte är särskilt genomtänkt.

"Jag sitter fast på Kreta," säger min vän i telefonen, "hamn-arbetarna strejkar. Det går inga båtar och jag tar mig inte in till Athen. Nu har jag fått tid att klippa ur mina olivträd så att solljuset kommer in, och jag har skött om mina nyplanterade moreaträd som växer fint."

Från växthusen på södra Kreta rullar det så här års en rad av långtradare, fyllda med gurka och tomater, kål och sallad, upp till Heraklion för att med båt skeppas vidare in till Athen och upp till grossister i Europa. De sista dagarna har det varit tomt på vägarna över Viannosbergen. Båtarna kommer inte iväg. Grönsakerna ruttnar i lasten. Grossisterna vänder sig till andra leverantörer. På TV vädjar man till hamnarbetarna att börja jobba igen, så att exporten av grönsaker kan fortsätta. Det handlar inte bara om en veckas bortfall. Hela året kan gå förlorat om handlarna i Europa väljer att köpa från mer pålitliga länder än Grekland.

Oviljan till överblick, framförhållning och samarbete är vanlig här. Man ser till sitt eget lilla hörn av världen som om det var allt som betyder något. Det som jag kan göra något åt händer idag, i morgon har jag ingen aning om vad som ska hända. Och varför skulle jag lita på min kompis? Hans farfar stängde av vattnet till min morfars hus en gång för länge sedan. Man kan inte lita på någon. Bara sig själv.

Jag tror att jag ska börja strejka. Bara lite grann på prov. Strejka vid grön gubbe när alla andra går över gatan, då kan jag stå kvar på trottoaren medan bilarna tutar på mig att skynda på innan jag blir överkörd. Eller strejka i telefonen när folk ringer. Bara svara ett stilla parakaló (please) eller óriste (varsågod) eller kanske ett litet djärvt éla (kom). Sedan inte säga mer än så. En liten röststrejk för att se om det gör någon skillnad. Eller varför inte matstrejk på tavernan. Beställa in och sedan låta bli att äta. Frågar någon så svarar jag: -jag strejkar idag. Varför då, säger kanske servitören. För att det är min rättighet och jag vill uppfostra staten säger jag, betalar och går därifrån. Ni svälter ju ihjäl om ni fortsätter så här, säger servitören oroligt. Ja, men det är ju precis så som hamnarbetarna och busschaufförerna och statsanställda gör när de strejkar. De får hela landet att stanna och tror att de gör något bra. Tack för maten!

Jag vill inte vänja mig vid alla dessa strejker. Och jag vill inte heller gå i taket varje dag som det är nya störningar. Mitt hemliga vapen är min egen lilla strejk för att få ner adrenalinet och blodsockret. Jag vägrar äta upp den där lilla översötade kakan man får till dessert på tavernan. "Tack, vad snällt," säger jag och kör ner skeden i glukoseländet så att jordskorpan skakar och visar 5,7 på min egen lilla Richterskala.

Ut med det gamla

Mars 2013

Jag väcktes av ett våldsamt oväsen på gatan utanför min bostad i gamla stan i Athen. Det lät som om någon höll på att slita sönder en bil med slägga, slag för slag.

När jag rullade upp jalusin och tittade ut, fick jag se två pakistanska sopletare som tog hand om ett kylskåp som någon granne ställt på trottoaren bredvid våra sopcontainers. Allt av metall hamnade i en kundvagn tillsammans med burkar, ett gammalt element och en teveantenn. Kylskåpet slaktades på gatan som en skjuten älg, styckades i delar och togs om hand, bit för bit.

Dessa sopgrävare som dyker upp överallt med sina vagnar och rotar i det som andra slängt, var kommer de ifrån och vart rullar de iväg med skräpet? Ibland när jag kommer med min sopkasse, känner jag att det här är mina sopor, inte deras. Men hur skulle renhållningen i Athen fungera om vi inte hade våra sopsorterare som tog vara på det som vi inte vill ha kvar? Det är inget glamoröst arbete att ta hand om våra sopor. Det luktar inte som i de fina salongerna när vi går förbi containern en sommardag när flugorna svärmar över matresterna från tavernor i närheten. Jag skulle inte villa skaka hand med honom som nyss grävde igenom en blöt sopkasse längst ner i soptunnan. Men jag uppskattar mer och mer det arbete han gör för att ta vara på metall, wellpapp och trä.

Nu ska allt gammalt rensas bort, fastan har ju börjat. Det gamla ska ut och ge plats för det nya. Det gäller inte bara i hemmen. Här rensas det ut lite överallt.

Häromdagen var jag på en snabb visit i svenska exportrådets lokaler. De stänger ner i Athen och flyttar verksamheten till Istanbul. Om jag ville ha något av det som fanns kvar, så var det bara att ta med. En ljus bardisk i svensk björk med tillhörande stolar? –Nej tack. Ett kylskåp och en spis? Nej, det får jag inte med mig. Jag tänkte på pakistanierna som gärna skulle ta hand om det fina kylskåpet från Exportrådet.

Nästan nytt, men vilken svensk har tid att slakta ett kylskåp? För ett drygt år sedan berättade personalen från Exportrådet om svenska företag som var intresserade av att investera i Grekland. Nu flyttar kontoret ut ur landet.

”Rena måndagen”, Katharà Deftéra, inleder fastan och enligt gammal tradition ska det röjas och städas och allt gammalt ska ut ur huset. Kylskåpet ska tömmas, slaktas på allt innehåll. När det ska göras rent ska även mannen ut för han är bara i vägen. Hemma är det mor som bestämmer. Maten som serveras under fastan bör inte innehålla varken blod eller ben. Alltså blir det inget kött och fisk på ett tag. Skaldjur och bläckfisk går bra. Jag gillar den här tiden när det kommer andra rätter på bordet. Soppor och böngrytor och sjömat av många slag.

Första fastetiden visste jag inte bättre än att jag beställde in kött på tavernan. Kyparen Christos tittade beklagande på mig och försökte få mig att förstå. En präst som äter kött under fastan är inte att lita på. Christos markerade högtidligt och rituellt ”kalamares” medan han gjorde korstecken över min middag. Då vågade jag, med viss tvekan, äta mitt grillade kött även om fastan hade börjat.

I Grekland är man bra på att ta hand om sådant som inte verkar vara något att ha. Den här tiden på året växer hortan överallt. Ser ut som maskrosblad och växer i högt gräs nu i mars. Kokas och äts med citron. Smakar gott. Nu kommer den annorlunda matens tid när man tar till vara det enkla. En förberedelse inför den stora påskfesten. Men jag undrar om inte den här tiden, när kylskåpet slaktas och det enkla kommer till användning, är minst lika bra?

Vid lunchtid ser jag att pakistanierna har lämnat plast och isolering i tunnan och dragit vidare i sin jakt på välfärdens överflöd. De har många skräpcontainrar att gå igenom innan dagen är slut. De lär oss att ta vara på utrenset.

När vi har tömt kylskåpet, går vi vidare och slaktar både klädgarderoben och bokhyllan i vår längtan att lämna det vi inte behöver och ge plats för något nytt. Ett bra sätt att återvinna våra onödigheter är att lämna in det till kyrkans påskbasar i slutet av mars. Där går det att göra verkliga fynd av kostymer, husgeråd och pocketböcker utan att man för den skull behöver slakta plånboken. Förra året köpte jag en begagnad kostym för 5 euro, som sitter som en smäck och är helt modern. Det kan ju vara så, att jag inte är siste ägaren.

Skoja om greker

April 2013

Det här var ju inte allvarligt menat, det var humoristiskt, svarade informationschefen på Liseberg när hon fick höra att många greker har blivit förargade över nöjesparkens reklam, där ett gråtande barn inte får gå till karusellerna utan tvingas åka till Kreta istället. Jag har väldigt svårt att se något roligt i den här marknadsföringen, och inte blir det roligare av att informationschefen talar om för mig hur jag ska uppfatta reklamen.

Här i Athen har Sveriges ambassad fått en skrivelse med klagomål från företagare på Kreta. Bra att man reagerar på den här sortens pajkastning. På Kreta kämpar man för att få vardagen att gå ihop. Man skrattar sig inte till sömns varje kväll, som om livet var ett nöjesfält utan slut.

Det är tacksamt att skoja om greker. Här jobbar man lite grann och så går greken till sitt café och tar sig en frappé och pratar om livet. Amerikanen slutar jobbet klockan tre och äter middag med familjen klockan fyra. Japanen slutar tre och tar snabbtåget hem, så att han kan sätta sig till bords redan klockan halv fyra. Greken slutar jobbet klockan tre men har ätit färdigt middag med familjen redan klockan halv två. Bilden av Grekland är gemenskap kring ett middagsbord.

När äter svensken middag? Inte alls tror jag. En svensk middag är inget att skoja om, för det är en ganska vanlig historia i ett hemmakök i en ganska tyst miljö. Men här i Athen möts man på taverna och pratar högt och länge och med alla. Det är som ett stort allrum där alla hörs och alla lyssnar på alla, främst sig själv. Jag har börjat prata mycket högre här i Grekland än jag gjorde i Sverige. Man har liksom inga hemligheter för varann. Och skulle man ha några hemligheter så är det bara en trevlig krydda i tillvaron.

Bilden av Grekland är en strand i solsken med blågrönt vatten. För ett par dagar sedan, när jag hade skjutsat några vänner till flygplatsen i Athen, tog jag kustvägen hem, förbi den långa stranden. I Glyfada stannade jag till och tog ett dopp. Omkring 25 grader i luften och 20 i vattnet. Det tog några minuter att förstå att värmen är här för att stanna. På en kort stund byttes bilden av vinter mot sommar. Inga strumpor i sandalerna. Sommaren började efter första havsdoppet, fast riktigt bad var det kanske inte. Ett bad i Grekland är 30 minuters gymnastik i vattnet. Med hatt och solglasögon på. Här badar man inte ensam, utan tillsammans med andra pratar man sig igenom en stunds vattengympa och frågar den som simmar förbi: -Ti ora ine? –Vad är klockan?

Bilden av grekerna är inte att de är ledsna och tråkiga och stillsamma. Greken är pratsam och glad och har alltid en rolig kommentar när man möts på gatan. –Titta här, sa min vän bilmekanikern som bor i grannhuset, nu är det sommar, sa han och pekade på sin kortärmade skjorta. Sedan gick han, ville inget särskilt, bara en glad kommentar om det vanliga livet som aldrig blir tråkigt.

Kostas som driver bilparkeringen där vi har vår bil, sprang och flyttade bilar fram och tillbaka för att få fram vår Volvo. –Det är precis som ett sådant där spel vi hade när vi var små, sa han, med brickor som man kunde flytta för att få fram en bild. Så flyttar han bilar, och han uppskattar varje kund som väljer hans parkeringsplats. Fru Kostas kokar citronmarmelad som han säljer på parkeringsplatsen för tre euro burken. Mycket god och väldigt billigt. -Jag ska hälsa min fru att du har köpt två burkar, sa Kostas. Då blir hon glad.

Det gör skillnad vilken bild vi ger av ett land och ett folk. Här kämpar man för att förändra bilden av ett folk med lata, snåla greker som njuter av solen på stranden med en ouzo i handen. De svensk-kretensare som jag träffat har inte tid att gå ner till stranden, de jobbar hela dagen för att få ihop till bensinpengar så att de kan köra sina barn till svenska skolan på lördagarna och för att få hushållsekonomin att gå ihop.

De kämpar för att på bästa sätt ta hand om svenska turister som besöker ön. I år ser prognoserna bättre ut än förra året. De som arbetar i turistbranschen har fem månader på sig att tjäna ihop sin årsinkomst. Sedan brukar arbetslöshetsunderstöd vara vinterns bidrag till familjernas ekonomi. Detta bidrag har sänkts det senaste året för att kommande vinter tas bort.

Idag är det grekisk påskafton och ikväll sätter firandet fart när långfredagens mörker byts mot påskdagens ljus med raketer och dynamit kring kyrkorna. För ett par år sedan uppmanade prästen i byn Stoupa på Mani församlingen att fira ordentligt. Fyra kyrkfönster gick sönder. Det var inte allvarligt menat, det var humoristiskt.

Jag pratar, alltså finns jag

Juni 2013

Det blev svart i rutan på tisdagskvällen när statliga televisionen plötsligt slutade sända och även radion tystnade. Premiärminister Samaras förklarade att trojkan kräver att antalet offentliganställda ska minskas och nu måste vi visa dom att vi kan göra något åt problemen. Från EU-kontoret svarar man att det inte alls är så det ligger till. De har inte alls krävt att statliga ERT ska läggas ner. Det här är ett grekiskt politiskt beslut. Nu sympatistrejkar även journalister inom andra teve- och radiokanaler i protest mot regeringen. Många människor samlades utanför tevehuset och helikoptrar surrade i luften. Det är inga bra tecken.

På badstranden träffades folk på onsdagsmorgonen som vanligt. Man har något nytt att prata om och medan man ligger och guppar i det 25-gradiga vattnet, diskuteras gårdagens nyhetsstängning med stora gester. I vattnet ser det ut precis som det brukar se ut i teverutan; 6 personer pratar i munnen på varandra medan en programledare försöker att få ett ord med i samtalet. Det verkar som om ingen lyssnar på någon utom sig själv, men på något märkligt sätt förs det ändå ett gemensamt samtal med 7 infallsvinklar och när det är lagom hoprört och obegripligt, då byter man ämne till något helt annat och ingen verkar vare sig besviken eller upprörd. Det är bara som det är. Alla har något att säga om allting och det vore katastrof om det inte fanns ett forum att uttrycka sina åsikter på. Badstranden är rena riksdagen en dag som denna.

Alla vet om att det statliga tevebolaget har anställt alldeles för många människor och har på tok för höga kostnader för sina produktioner, men under åren har man gjort många dokumentärer och seriösa program som de andra kommersiella kanalerna inte kommer i närheten av. Nu plötsligt avskedas 2600 anställda utan förvarning och Greklands public service-kanal har tystnat.

Under mina år i det här landet har jag förstått att greken värdesätter det fria ordet mycket högt. Rätten att uttrycka sig i tal och skrift är livsviktig och bokhandlarna är fulla av stora och små skrifter i stora och små upplagor. Det fria ordet är en naturlig rättighet och man uttrycker sina tankar så fort det blir tillfälle. Att gå förbi en skola i Athen är som att gå förbi en fotbollsarena vid matchens slutminuter. Det låter alltid som full kalabalik men det är bara en mellanstadieskola som har rast. Första gången jag mötte en skolklass på smågatorna i Plaka, trodde jag att det var en stor demonstration som drog fram. Det var 25 elever som pratade högt och samtidigt. Efter det är min uppfattning om grekiska skolbarn: ”Jag pratar – alltså finns jag”.

I begynnelsen var ordet. Det grekiska logos betyder både ord och avsikt. Och alla har en avsikt och en mening som man vill uttrycka. Det är detta som är demokratins vagga, att allas röst ska få höras och är värda att lyssna på. Men nu när den statliga televisionen och radion har tystnat, så träffar det greken rakt i hjärtat. Om regeringen tidigare har haft dålig kontakt med verkligheten, så är det som nu händer i tevehuset en total härdsmälta som kommer att få konsekvenser på många håll.

Det går inte att hålla tyst i Grekland. Stänger man ner public service-media, så kommer statyerna på torgen att börja prata, palmerna i Nationalträdgården kommer att höja rösten, trådbussarna kommer att gnissla mera och taxibilarna kommer att tuta i en gul jättekör. Tystnaden är inte tänkbar. Tystnaden är en sjukdom som det inte finns någon medicin mot. Att acceptera tystnaden är detsamma som att inte finnas.

Livet på stranden är en miniatyr av Grekland. Sitter någon för sig själv, så är det en utlänning och sitter han en bit ifrån alla andra så är han troligen svensk. Grekerna sätter sig nära varandra, så att man kan prata och höra vad andra säger.

Vad som helst kan sätta igång ett samtal om precis vad som helst. Det viktiga är att man hör till gemenskapen och har något att säga. Sedan får man se ut hur som helst och komma och gå när man vill, men alla slänger in ett ord i gemenskapen då och då. Den som är tyst finns inte.

Det statliga tevebolaget ERT sänder inte bara i Grekland, utan över hela världen. Nu har en grekisk röst i världen tystnat och nu får vi lita till andra kanaler. Det kan ju till och med hända att det blir lugnt i Grekland ett tag framöver, nu när ordet inte längre flödar fritt i media. Utan ordet, tanken och avsikten blir det ju inget gjort. Det kanske är det som är meningen nu när sommaren kommer och alla vill vara lediga.

Stort och glittrigt

Juli 2013

Grekiska fotografer älskar brudpar. De knäpper bilder hela tiden och från alla vinklar. Och mest av allt älskar de kyssar. Långa, heta bröllopskyssar medan alla runtomkring applåderar. Närbilder med havet i bakgrunden, ännu mera närbilder så mascaran syns. Och så älskar fotograferna ringarna. De vill ha bilder på ring på fingret, ring när prästen håller upp den och välsignar den, ring i ask. Men det blir inte alltid som man tänkt.

Den lilla brudnäbben hade förberett sig noga och visste precis hur hårt locket satt och var förberedd på att jag skulle vända mig till brudnäbben och säga till när jag vill låna ringen. När det så blev dags, sträckte brudnäbben fram asken, öppnade den, tog ringarna och gav mig asken. Sedan vände hon sig om och gömde sig bakom mamma och pappa. Fotografen visste inte riktigt vad han skulle göra. Ta bilder på en tom ask som prästen håller upp i luften, det går ju inte att ha med i ett album. Bilder på brudnäbben som lagt beslag på kärlekens symboler och vägrade lämna ifrån sig, det är ju en helt annan berät-telse. Men grekiska fotografer är inte att leka med. De vet precis vad de vill ha och de ser till att få det. Ringar och ask bytte plats och ceremonin fortsatte. Brudnäbben var rosenrasande. Allt hade ju gått totalt åt pipsvängen.

När man är fyra år och brudnäbb vill man ju ha det finaste man ser, och när man äntligen fått det stora uppdraget att ha hand om ringarna, är det ju ganska klokt att inte lämna dem ifrån sig. Barn ser en vigsel ur en annan vinkel än vuxna gör. Ett ögonblick fyllt av lycka, tänkte jag. Ett ögonblick av tomhet, tänkte barnet när ringen försvann. I fortsättningen ska jag ha en liten reservring i fickan och ge till brudnäbben under ceremonin.

Grekiska fotografer älskar glitter och guld. Det ska skimra och blänka och buketterna ska vara stora och feta.

När brudparet för några dagar sedan kom i hyrd bil, klämde en kompis resolut fast en stor bukett på kylarhuven och ropade till fotograferna: -nu kan ni ta bilder. Det ska vara stort, brokigt och fett. Då är det bra i Grekland. Här finns inget som heter lagom.

Jag har varit en vecka på Rhodos och mött brudpar och dopfamiljer som kommer ner till solen och värmen. De fina stränderna och den goda maten och de ljumma kvällarna får semestersvenskar att varva ner och bli mera närvarande. Grekerna är bra på att ta hand om ljuslängtande svenskar. Men det är en förändring på gång och det börjar bli ont om tid för den som vill uppleva det varma, vänliga Grekland.

Snart kan den lilla tavernan som serverar traditionell grekisk mat var ett minne blott. All-inclusive-hotellen tar över och ett färgat plastband om handleden betyder att man hellre äter förbetalda köttbullar på hotellet än går ut och äter lokala läckerheter. Jag träffade mamma Chrissi på en liten strandtaverna på Rhodos häromdagen. Hon är orolig för sitt lilla familjeföretag. Hon hade den dagen bara en rumsgäst på sitt lilla hotell och sa att för några år sedan var det fullt av gäster, men all-inclusive-hotellen tar död på de små tavernorna. Hon serverade oss den godaste lunch vi ätit på länge. Grönsakerna var från hennes egna odlingar, femtio meter från bordet.

Det börjar bli ont om tid. I år är ryssarna i topp när det gäller turister på Rhodos. Tavernorna skriver sina menyer på ryska och anställer servitörer som kan prata med de ryska turisterna. Det grekiska lugna gemytet håller på att förändras. En ny attityd tar plats i Rhodos. Vår vän som driver en pälsaffär i Rhodos berättade att när förmiddagens badgäster kommer till butiken så blir det kaos när alla ska handla. Inte ovanligt att man köper tre pälsar för 150 000 kr utan att blinka men inne i Rhodos stad är affärerna tomma på folk. På tavernorna i Rhodos står många bord tomma. Man äter på sitt hotell.

Turismen är viktig för Grekland och särskilt för Rhodos där man välkomnar alla kryssningsfartyg och där charterflyget har ökat med trettio procent i sommar. Men det finns en svart baksida, där storskaligheten hotar att ödelägga små tavernor och lokala företag. De grekiska hotellen kanske får betalt när säsongen är slut. De anställda får kanske betalt några veckor senare. Man är helt i händerna på utländska resebolag och de som bor och jobbar på Rhodos får stå med mössan i hand och hoppas att det ska bli en liten inkomst för allt slit man lagt ner under en sommar för att turisterna ska få en fin semester. Det är ju turisterna som skapar välståndet på Rhodos.

Rhodos är solens ö. Alla som bor och arbetar här vill marknadsföra sin ö som den plats på jorden där stränderna inte har något slut och solen alltid skiner. En del resebolag gör som brudnäbben; de tar det vackra och lämnar tillbaks en tom ask.

På kolonnerna i Mandrakehamnen står två hjortar som symboler för Rhodos, och det sägs att de hämtades till ön för att det fanns så mycket orm i paradiset. Hjortarna trampade ihjäl ormarna.

Det finns alltid en orm i paradiset som får oss att glömma att det vackra är ömtåligt och behöver skyddas. Min grekiske vän sa: -många av oss som bott här länge på ön ser inte allt det fina. Vi tar det för givet, och därför vårdar vi det inte som vi borde. Risken finns att det blir som med alla halvfärdiga hus som gapar tomma med betongskelett och kvastar av armeringsjärn. Skal utan innehåll som väntar på att något ska hända.

Cykla i Athen

Augusti 2013

En liten tant med röd hjälm cyklade rakt ut i gatan när jag kom körande i bil på Östra Infarten i Karlstad. Hon var på väg till kyrkogården och cyklade på övergångsstället. Blicken riktad rakt fram, som om hon var på väg till en grav och inte såg något annat. Hon kunde ha hamnat där fortare än hon hade önskat. Hon kanske lärde sig cykla på den tiden när det knappt fanns några bilar.

Bland det första jag gör när jag kommer hem till Sverige om sommaren är att ta fram min 24-växlade Skyppshultcykel och svänga ut längs Klarälven. Det doftar nyslagen vass och nyklippt gräs. Cykelvägarna i Karlstad är oändliga och luften är ljummen, långt in på julikvällen.

I Athen köpte jag cykel för tre år sedan fast mina vänner avrådde mig. ”Tänker du ta livet av dig på en gång?” Det fanns inte många cyklar på Athens gator då, men min kompis Åsa, som envist cyklat sig fram kring Akropolis sluttningar, hjälpte mig att handla direkt från IDEAL-fabriken i Patras. Åsa visade mig bästa vägen ner till Pireus och havet, där bilfria cykelvägar följer kusten. Men det fanns ett problem, hundarna. Lösspringande hundar gillar inte att bli överraskade av cyklister som tränger sig in i reviret. Jaktinstinkten är lättväckt och snart har man en ilsken hund i smalbenet. Åsa har måst uppsöka vårdcentralen några gånger för att plåstra om hundbett. Hittills har jag klarat mig genom att sakta ner och prata med hundarna.

Ett ännu värre problem är bilarna. De flesta bilister i Grekland har aldrig cyklat och har inget utrymme i hjärnan för det som heter cyklist. Det är svårt att övertyga om att det finns något annat än bilar på gatorna, något smalt på två hjul där det sitter en oskyddad människa.

I Grekland stannar ingen bilist för en cyklist om så själva premiärministern skulle komma trampande spritt naken. Georgio Papandreo ville göra Athen till en cykelstad och han försökte få loss EU-pengar till ett stort cykelprojekt, men han hittade inte någonstans att ta väg från bilisterna.

När jag för första gången om sommaren cyklar mot ett övergångsställe i Karlstad, så blir jag alltid lika förundrad. Redan när jag saktar in i närheten av de vita strecken, så saktar bilisterna ner, innan jag bestämt mig för att korsa gatan. Utan att jag bett om det, så uppstår ett stort tomrum mitt i gatan, där jag förväntas cykla in utan att bli påkörd. Jag söker ögonkontakt med bilförarna, som tecknar till mig att ”varsågod, det är din tur”.

Jag blir livrädd när bilisterna stannar och släpper fram mig. Jag har fått athentrafiken i ryggmärgen och där gäller en enda trafikregel: ”störst kör först”. Tänk om de bara väntar på at jag ska köra ut, så kommer där en annan bilist som i full fart kör om och rammar mig hårt, bestämt och självsäkert. Det finns bara ett sätt att kommunicera med en cyklist som vågat sig ut i en grekisk vägkorsning, och det är att öka farten. Då vet varenda människan med sund självbevarelsedrift att det gäller att kasta sig upp på närmaste trottoar. Det har jag gjort med blödande knän och jag vet hur fort pulsen slår efteråt.

På tre år har cyklisterna mångdubblats i Athen. Den ekonomiska krisen har gjort att många har ställt av sina bilar och skaffat podilato, (cykel) i stället. Det är lätt att finna parkeringsplats och kostar inget. Den nya cykelkulturen skapar egna lagar i Athen. Vid en gatukorsning stannar bilarna väldigt nära övergångsstället när det blir rött ljus. Mellan bilarna balanserar motorcyklar och vespor fram och stannar på övergångsstället, så långt fram att de inte ser ljussignalerna. Sedan kommer cyklisterna och struntar helt i vilken färg det är och kör rakt på utan att tveka. De har liksom skaffat sig en frizon och kör som de vill. Och när cyklisterna drar iväg, så hänger vesporna på och bilarna tror att det är grönt, och strax är hela gatan i rörelse. Det är så typiskt grekiskt. Sticker en, sticker alla. Ingen vill komma på efterkälken.

I Karlstad är jag livrädd när jag i bilen närmar mig ett övergångsställe där det kommer en cyklist. Jag vet att han kommer att köra rakt över gatan utan att se åt mitt håll. I Karlstad gäller regeln: ”Cyklist kör först”. Jag vet inte hur många gånger som jag varit nära att lägga mig på signalhornet och skrämma livet ur pedaltramparen för att på ett övertydligt sätt berätta att de finns något som är hårt och stort och kallas för bil. Men det tycks inte bita på cyklisterna. De har fått för sig att de tillhör en annan värld av osårbara resenärer på väg till ett annat solsystem.

Varje fredagskväll samlas cykelfrämjandet i Athen för att upptäcka nya farleder genom bilisternas storstad. På nätterna trampar många cyklister fram på gatorna. Handskar är bra. Hjälp är en fråga om överlevnad. Jag litar aldrig på en bilist i Athen.

Eftervärme

Oktober 2013

Nu börjar oliverna mogna och mitt inne i Athen ser jag folk som plockar från träden i centrum. Inte kan det vara nyttigt med alla bilavgaser som de stackars oliverna får i sig. Men vad ska man göra när pengarna inte räcker? Man får ta till vara allt som kan användas.

För inte så många år sedan var eftervärmen en hjälp i hushållet. På väg till bageriet kom rader av kvinnor, bärande på plåtar fyllda med tomater, potatis, kyckling och lök. När bagaren hade stekt färdigt sina bröd, så fanns det gott om eftervärme kvar för hushållens matlagning i kvarteret. Hemma hade inte alla egen ugn och därför lagade man maten hos bagaren för några ören. När arbetsdagen var slut var maten färdig. Så gick en rad kvinnor hemåt med lagad mat från bagarens eftervärme. Den goda doften från nylagad mat spred sig i de smala gatorna. Männen kände i vinden när det var dags för middag. Idag finns bagaren kvar men man bär inte längre dit sina plåtar inför middagen.

Här vid Medelhavet är det sensommar och turistsäsongen är snart slut. Grekerna har börjat jobba efter sommarledighet och skoleleverna har återvänt till städerna. Nu är det ryssar, italienare och fransmän som kommer hit. September är enligt många den bästa månaden, när sommarens eftervärme gör havsvattnet ljummet, stränderna lugna och nätterna skönt svala. Idag tar man vara på eftervärmen genom att erbjuda sänkta hotellpriser och färsk frukt till middagen. Nu fylls Athen av cirkus, musik och teater. Det här är den bästa tiden på året.

I Grekland har man varit bra på att ta vara på det där som blir över när arbetet är klart. Man bränner raki när vinet är färdigt och man gör dakos av brödet som ska hålla länge, och kokar soppa på saftiga köttben. Men idag blir det inte mycket över när arbetsdagen är slut. Staten tar alltmer i skatt, lönerna sänks och tjänster försvinner. Det har varit tre svåra år i Grekland sedan vi kom hit, hösten 2010. Den kommande vintern kan bli ännu värre och landet är på väg in i ett svart hål av lönesänkningar, uppsägningar och skattetyngder. Flera företagare klarar inte av att betala sina skulder och skatter.

-Jag hamnar väl i fängelse, sa min vän hotellägaren på Kreta. Han ligger efter med skatten som ökar hela tiden och myndigheterna ger honom inget nytt kvittensblock förrän han betalat sina skulder till staten. Så jag får inget kvitto, för han har inte fått sitt kvittensblock. Och han är inte ensam om att försöka hinna ikapp med skatteinbetalningen. Tre och en halv miljon greker till är i samma situation och riskerar fängelse om de inte betalar.

Vintern blir en prövning och många kommer att fråga sig varför det blev så här. Finns det någon eftervärme kvar som kan hjälpa hushållen att överleva?

Skolstarten här i Grekland omkring den tionde september. Efter ett par dagar stängdes skolorna därför att lärarna strejkade. Regeringen har infört nya regler för nationella prov i gymnasiet som innebär högre kostnader för familjerna för att betala privatlärare så att deras barn klarar proven. Tusentals lärare kommer att avskedas därför att regeringen har bestämt att det inte finns pengar till att avlöna lärare, och många som får besked om sin lön vet att de inte kommer att kunna leva på sin inkomst.

Mitt i krisen växer en värme mellan människor. Jag märker den när jag går på grönsaksmarknaden. Känner jag mig trött och hängig när veckan snart är slut, då går jag på laikin, fredagsmarknaden i kvarteret, där gatan görs om till varuhus för frukt och grönt. Några blir glada över att jag är tillbaka i Athen efter sommaren. Jag blir bjuden på druvor och choklad. Försäljarna stoppar ner lite extra oliver och tomatpåsen blir överfull. Sommarens eftervärme finns även här på en bakgata i Athen.

Gravarna ligger tätt

November 2013

-Kommer du att använda rökelse i framme vid kistan, frågade begravningsentreprenören mig när vi stod utanför väntrummet på Kalitheas kyrkogård i Athen. Där inne låg den avlidna på en bädd av vita nejlikor i en svart kista med locket avtaget. Nej, sa jag, jag brukar inte använda rökelse i begravningsgudstjänsten men om någon vaktmästare vill göra det så går det bra. Jag har inget emot rökelse men jag vet inte hur jag ska svänga på rökelsekaret. Vid flera tillfällen nar jag varit på en ortodox gudstjänst, så har jag sett prästerna hantera rökelsen med stor skicklighet. De sprider röken vackert över kistan och besökarna. De har lärt sig knycken som gör att det pinglar till samtidigt som en rökpuff kommer dit den ska. Det är dags för mig att gå en kurs i hur man svingar rökelse i kyrkan.

De tre ortodoxa prästerna som ledde begravningen som låg före mig i dagsprogrammet, stämde upp i sång och då visste alla gästerna att det var dags att röra på sig. De gamla traditionerna är själva kärnan i den grekisk-ortodoxa kyrkan och när prästen sjunger, då vet alla vad det handlar om. Man gör det som ska göras.

-Och hur gör du med oljan, fortsatte mannen från begravningsbyrån. - Nej, sa jag, inte det heller. -Det är OK, sa begravningsentreprenören. Du gör det som måste göras. Nu gör vi på ditt sätt. Men jag hoppas det går bra att vi ställer fram ikonen vid kistan och öppnar locket under ceremonin, så att anhöriga får gå fram och ta avsked och kyssa ikonen? –Ja, det går bra, sa jag.

Här i Grekland blir det ofta kompromisser i kyrkan. När jag den här veckan begravde en dansk kvinna i en grekisk-ortodox kyrka enligt anglikansk ordning med svensk bearbetning, så blev det inte så konstigt som det låter. Här i Grekland behöver man inte förstå allting i en ceremoni. Man gör det man ska göra och när jag gör korstecknet i början av gudstjänsten så gör alla likadant. När kistan bärs ut till graven, följer vi alla efter och när kistan sänkts ner, går alla fram och kastar en handfull jord och en blomma. Det mesta är sig likt, även om man inte förstår allt som sägs.

Killarna som gräver kan sitt jobb. När jag lyst frid över graven så sätts spadarna i jordhögen. Innan vi hinner lämna platsen så svänger de tre killarna upp skyffeln på axeln och går därifrån. De bär lortiga jeans och en rutig skjorta och gör sitt jobb. Det viktiga är inte att man gör det fint, utan att man gör det som måste göras.

När vi går från graven passerar vi långa rader med vita manshöga huslängor, där de dödas ben förvaras när graven efter tre år töms för att ge plats för en ny kista. Bristen på gravplatser gör att man måste återanvända graven efter en tid och då är det familjens ansvar att rengöra och samla kvarlevorna i en ask som förvaras i kyrkogårdens benhus. Flera anhöriga som berättat för mig om begravningar, säger att det här är det svåraste arbetet när sorgen har lagt sig och graven ska öppnas och allt ska tas om hand inför slutförvaringen. Det är ingen trevlig syssla, men man gör det som måste göras.

-Du kommer väl med och dricker kaffe och konjak, ja du måste komma med säger den avlidnas make. Och vi går till serveringslokalen och dricker Metaxa och osötat grekiskt kaffe. Det ska vara bittert, säger en anhörig, för att påminna om sorgen och saknaden. Och de små skorporna som vi äter, är en bild av att vi bär med oss minnet av den döde hem. Vi äter inte för att bli mätta utan för att avsluta en ceremoni där allt är som det alltid har varit.

Att arbeta som svensk präst i en skandinavisk kyrka i Grekland är ganska annorlunda mot att arbeta i Sverige. Hemma i Värmland kunde jag bli irriterad om jag förlorade fotfästet en kort stund och något hände som inte stod i programmet. Här i Grekland förlorar jag fotfästet hela tiden och det är som det ska vara. Det finns mycket att förvånas över, det bara är så. Här måste man improvisera både i kyrkan, i trafiken och i livet. Det är så mycket som inte går att kontrollera och det gäller att följa med när livet svänger och kränger och överraskar. Det händer hela tiden och det blir ett sätt att leva. Man gör det som måste göras.

På väg tillbaks till taxin passerar jag flera gravar med blommor och tända lyktor överallt. Den vita marmorn sprider ett blekt ljus över kyrkogården och gravarna ligger tätt intill varandra. Här finns det inga gräsmattor som måste klippas mellan stenarna. Varenda centimeter är täckt av finaste marmor. Och stenskivorna kan återanvändas, gång på gång.

Lösa hundar

November 2013

Nu kommer vintern i Athen och hundarna som legat och solat på de stenlagda gatorna i Plaka söker sig till varmare platser. I portgångar med lite varmluft från ett restaurangkök eller nära några uteliggare i parken söker de värme och närhet. Det ser ut som om hundarna har minskat nu i slutet av november, men de flyttar bara på sig. De är kloka individer som vet var mat och husrum finns, men utelivet sliter på kropparna. Många hundar haltar och har ont i lederna. De är överviktiga och orkar inte gå som tidigare. Men de håller sig vid liv och vill tillhöra flocken där både katter och människor ingår.

De hundar som vandrar omkring i Plaka har en obestämd stamtavla. Lite golden retriever och en gnutta schäfer, sedan en aning boxer och så lite terrier, så blir det en frisk och smart och trevlig hund som gärna söker upp en husse eller matte där man kan få ett hem. Hundar söker upp familjer där de hoppas få bo. Och här i Grekland är det många gånger så det går till när en familj får en hund. I Sverige väljer man att skaffa hund, och då ska det helst vara en renrasig sort med stamtavla och pålitliga föräldrar. I Grekland är de tvärtom. Här föredrar man en gatukorsning med lite av varje. De hundarna är mycket trevligare än renrasiga jyckar. Och det är ofta hunden som väljer familj och kommer fram och säger på sitt eget språk: -jag vill bo hos dig. Får jag det?

Det är så konstigt att vi är så rädda för det som är annorlunda. Ibland tror vi att livet blir bättre om alla är lika och ingen sticker ut. När våra barn gick i lågstadiet på en skola i Karlstad, fanns de inga invandrarbarn på den skolan. Det var bara lintottar och helsvenskar. De annorlunda barnen gick på Kronoparkskolan. På Kroppkärr bodde det bara svenskar. Och så några barn som var adopterade från Sydamerika. Jag tror inte att våra barn tyckte att de var annorlunda. De lekte ihop och såg varandra som kompisar, inte som annorlunda människor.

Här i Grekland pratar unga kvinnor om hur männen är. Det är ett evigt samtalsämne, särskilt när grekiska män blir äldre och inte längre är lika charmiga och vackra som när de var tjugo. Äldre män står inte alltid högt i kurs. Griniga och krävande och ständigt hungriga sitter de där och väntar på att bli uppassade precis som när de var pojkar och deras mammor satte dem på piedestal och matade dem med sked tills de var fem år. Pojkarna var som spädgrisar som skulle gödas så att de blev stora och starka och vackra som små gudar. När de blir gamla är de inte lika attraktiva och klagar på sina kvinnor som också har blivit äldre. Och så pratar kvinnorna om hur en man ska vara. Jo, säger en kvinna, de bästa männen är de som har en svensk mamma och en grekisk pappa. De har både intelligens och organisationsförmåga samtidigt som de har ett stort hjärta och en lekfullhet som kan ta dagen som den kommer. Den bästa mannen är som en gatukorsning där det ingår lite av varje. De männen vill vi ha till våra döttrar. Inte grekiska män som har mycket kärlek men som inte vill samarbeta och som inte ser kvinnan som sin jämlike och som inte kan planera för framtiden. De bästa männen är de som har både nord och syd i sig.

Varje lördag kommer det många familjer med barn till Skandinaviska kyrkan här i Athen. Nästan alla barn har en svensk mamma och en grekisk pappa. Men de pappor som jag möter är inte som alla andra. De är smarta, roliga, pratsamma, vänliga, hjälpsamma, arbetsamma. Det kanske är i just dessa familjer som det växer upp barn som kan rädda Grekland från att bli en nation som lever på minnen och som bygger staket mot dem som är annorlunda. Livet växer sig starkare när inte alla är lika.

Santorini

November 2013

På Athens flygplats stod jag och väntade på att min ryggsäck skulle dyka upp på bagagebandet. En solbränd amerikan stod bredvid mig och trummade lätt på sin fotoväska.

–Santorini är vackert på söndagarna, sa han till mig. Affärerna är stängda och kryssningsfartygen väntar tills det blir vardag.

–Ja, svarade jag, idag var det lugnt på Calderan i Oia, och det mesta som hände var alla kyrkklockor som ringde till gudstjänst i katedral och kapell.

När solen går upp ligger de där på rad. Stora flytande samhällen med kineser, amerikaner och ryssar som har alldeles för mycket pengar att göra av med på några timmar. Taxibåtarna matar in turisterna till Firas lilla hamn där linbanan och åsnorna väntar på att bära upp gästerna till den gamla staden på vulkanens kant. När solnedgången närmar sig, seglar fartygen vidare till nästa hamn och nya upplevelser.

Inne i Athen möter vi samma passagerare från de stora flytande hotellen. De kommer med buss in till gamla stan och fotograferar sig igenom dagen för att på kvällen återvända hem till båten i Piraeus.

Jag undrar vilken bild de får med sig hem av Grekland. Vad hinner de se av den antika historien och det moderna Hellas under några timmars besök? Det tar tid att både komma nära och få ett avstånd till sevärdheterna. De snabba besöken befäster bilden av grekerna som tar dagen som den kommer och åsneturen uppför vulkanbranten väcker känslan av att så här färdades alla förr i tiden. Här har inget hänt sedan Kristi födelse och upplevelsen av att tiden stått still betalar man gärna några euro extra för.

Med hyrbil tog jag mig till södra Santorini och den stora utgrävningen av den antika staden Akrotiri. För 3000 år sedan fanns här en kultur som var nära släkt med den vi känner till från Knossos på Kreta. Vävstugor och badhus med rinnande vatten och avloppssystem. Gator och torg och handel och en väl fungerande hamn. Över hela utgrävningen byggde man ett tak av stål och eternit som rostade och befanns vara giftigt. Men grekerna gav sig inte. Idag täcks den 12000 kvadratmeter stora utgrävningen av ett modernt sol- och vindskydd som ger besökarna tillgång till den gamla historien. Vulkanutbrottet som förändrade Santorini startade en tsunami med en höjd av 250 meter, som nådde Kreta inom en halvtimme och raderade ut hamnar och samhällen på sin förödande väg genom Medelhavet. Det tar tid att försöka förstå vilken energi det finns i människans uppfinningsförmåga och hur stora naturens krafter är som gör oss människor mycket små och beroende av jordens själ.

På Santorini har man tagit till vara naturens möjligheter att ge vinskördar och anpassa odlingar efter det torra klimatet. Här växer vinstockarna inte på höjden utan ligger tätt efter marken för att ta tillvara nattens dimma. När det regnat och vinstocken blir mjuk, böjs den till en krans, stor som ett vagnshjul. Där skördas druvorna i augusti och blir till vin tack vare fukten om natten trots stark sol och varma vindar. Nästa gång jag dricker ett santorinivin tänker jag på de hopvirade rankorna som i skydd av nattens mörker dricker sig otörstiga av dimman som havet ger.

Uppe på den stenlagda promenadgatan i Oia på Santorinis nordspets, träffade jag en grek som hyrde ut bostäder i grottor i lavaberget. Han ville visa mig hur fint han gjort iordning och jag följde med honom nerför den svängda trappan med ilagda röda och svarta stenar. Han öppnade dörren till en lägenhet inne i berget, med välvda tak och stengolv. Det urgamla och det ultramoderna smälte samman till en märklig upplevelse av att här skulle jag vilja bo. På den här klipphyllan skulle jag vilja tillbringa några dagar i en grotta som är sval på sommaren och varm på vintern. Utanför den lilla terrassen svävade måsarna långt nedanför och jag märkte att jag inte hade ord för att beskriva det jag såg och kände. Det tar tid ibland att låta själen begripa det ögat ser.

Tillbaks på Athens flygplats kom till slut mitt bagage. Amerikanen hängde på sig sin ryggsäck och sa: -Det är tur att jag har vänner på Santorini som höll mig kvar några dagar. Sedan drog han vidare med lätt packning. Han hade tagit tid på sig att upptäcka vulkanön och undvika det snabba samlandet av så många intryck som möjligt. Han hade också tagit sig tid att låta själen smälta det ögat ser och örat hör.

Eldningsförbud

December 2013

Efter en decemberdag på Rhodos i återvänder jag till Athen och tar en taxi in till Plaka i centrum. Jag vänder mig till min fru och säger att det var väldigt vad den här bilen luktar avgaser. Tror du att det är något fel på bilen? Nej, svarar hon, det är chauffören som röker, ser du inte det? Han håller en liten hemrullad cigarett som han smygröker ut genom bilfönstret. Det luktar gamla sopor och när vi närmar oss Syntagma börjar mina ögon att rinna. Röken från kaminer och bilar sticker i halsen och jag längtar tillbaks till den klara luften på Rhodos. Det kommer att bli en ny rökvinter i Athen.

Hålögda och hängiga klagade mina vänner på dålig nattsömn. Den här tiden på året går det aldrig att lita på väderrapporterna. Spår de vackert väder, så regnar det. Och siar de om en lugn och solig dag, så slår åskan ner i huset mitt emot, så varenda billarm går igång. Det går inte att sova lugnt när stolar och bord flyger omkring på takterrassen. Medan jag gömmer huvudet i kudden, hör jag en blomkruka flyga i gatan och jag vet att jag borde gå upp och rädda det som räddas kan. Men regnet vräker ner och sängen är varm och jag är trött och vill bara att det ska gå över.

Nu kommer vintern i Grekland och kylan kryper in i betongväggar och stengolv. Det är kallt i lägenheter och folk fryser. Fastighetsägarna har inte råd att köpa olja till värmepannan och hyresgästerna klagar. Den som har eldstad tänder en brasa. Allt som brinner ger lite värme. Men nu har staden bestämt att i vinter råder eldningsförbud i kaminer och spisar. Förra vintern var luften så dålig i Athen att det knappt gick att gå utomhus förrän det sved i ögon och hals. Över staden låg ett lock av rök från sopor och plast. Och sur ved. Runtom i Athen har vedlagren växt och försäljarna levererar till kunder som hoppas få det man har betalt för. Några kunder kör bil efter vedtransporten för att se till att inte delar av transporten hamnar på andra ställen efter vägen. Den grekiska misstänksamheten borrar sig in i minsta vedkubbe.

Ingen tror att eldningsförbudet kommer att följas i vinter. Förbudet gäller endast för alla andra. Inte för den som fryser. Lika lite som rökförbudet på tavernor och caféer åtlyds, så tar man även uppvärmningen med humor och uppfinningsrikedom. Visst går det att ställa en plåtkamin mitt i lägenheten, dra ett skorstensrör uppefter taket och göra hål i väggen och så är man av med den röken. Värre är det när man måste sota. Då blir det till att plocka ner hela härligheten och städa bort den svarta askan från både rör och möbler, väggar och golv.

I Athen har man stengolv och när vinterkylan kryper in i husen blir golven kalla som is. Kölden kryper upp genom fotsulan, in genom vristen och upp i smalbenet. Jag kan inte värja mig och hålla kylan borta. Där sitter jag och känner mig djupfryst och längtar hem till lägenheten i Plaka där vi har trägolv och värmepanna i källaren som vi styr över själva. Nordvinden och Balkankylan har kommit för att stanna. Luften smakar is och vedrök och jag förstår att ingen kommer att följa förbudet att elda i kamin denna vinter heller.

I norra Grekland har skolbarn, föräldrar och lärare demonstrerat för att få värme i skolsalarna. Kommunerna säger att de inte har pengar till att köpa eldningsolja. Det går ju inte att ha undervisning i iskalla klassrum och man undrar, vart har pengarna tagit vägen? Har kommunpolitikerna det lika kallt i sina hem som eleverna har i skolan? Det är något som inte stämmer och det verkar som galenskap att införa förbud mot eldning i kaminer när det inte finns pengar till eldnings-olja. Ved kan man ju alltid ta med sig hemifrån.

Det har fallit snö på bergen omkring Athen nu i mitten av december. Och kallare ska det bli. Jag hörde häromdagen om en hyresvärd som inte ville starta värmepannan förrän till jul. Jag kommer inte att vara i Athen under julhelgen, och då kommer värmen att slås på och jag måste betala fastän jag inte får någon glädje av det, sa min vän. Framförhållningen och planeringen är obefintlig och det enda man kan lita på är att det kommer att bli kallt både ute och inne även denna vinter.

Att följa regler och förbud är inte grekernas starka sida. Man försöker att överleva och hålla sig varm och hitta på lösningar som går runt om alla hinder. På bussarna i Athen är det rökförbud. Det håller man på. Alla utom chauffören, som smygröker en cigarett med öppet fönstret. Att det drar kallt och passagerarna fryser det märker han inte. Förbudet gäller för alla andra, inte för just honom.

Ordförande i EU

Januari 2014

Två poliser stoppar mig vänligt men bestämt när jag försöker att gå genom parken till Zappeion. - Det krävs passerkort, säger de. -Ni måste gå ner mot Zeustemplet, förbi den stora fontänen, följa staketet.

Efter nattens regn doftar det grönt från blöta gräsmattor och ångande rabatter. Men det är något som har förändrats sedan december. Det är för många poliser överallt. Kravallstaketet reser sig högt utanför parken. Vakter bevakar varje person som tar vägen genom trädgården. Det ståtliga konferenscentret Zappeion har nu blivit högkvarter för ministerbesök från staterna inom Europeiska Unionen när Grekland har ordförandeskapet under ett år. För någon vecka sedan var EU-kommissionens ordförande Barosso här på besök och de svartblå polisbussarna bildade mur kring parken och helikoptrarna cirkulerade som humlor över centrum. Så här kommer det att vara hela året.

Min morgonpromenad brukar gå genom Nationalträdgården. Nu blir jag övervakad av specialstyrkor med automatgevär. Det känns lite överdrivet. Varför ska de vara just här i den lugnaste av parker i hela Athen? Passerkort har jag inget och jag gillar inte morgontrötta poliser som ser på mig som möjlig terrorist. Min morgontrötta kropp blir inte piggare av gevärspipor.

De Halkyoniska dagarna är här. Dagar mitt i vintern när minnen från sommaren gör sig påminda under en kort period. Vindarna är stilla och solen värmer. Det sägs att Kungsfiskaren, isfågeln, kommer för att bygga bo under de här dagarna. Havet håller omkring femton grader varmt. Det går att bada, även för en nordbo. Många greker badar hela året. Jag tog mig ett hastigt dopp den tionde januari och kände solen värma min vinterbleka kropp. Sida vid sida på stranden satt fullt påpälsade och bikiniklädda greker. Här är ingenting fel. Allting går an. Det gäller att passa på medan solen skiner.

Vinden vänder snabbt och nordan från Balkan kan dra ner snö och kyla och så sitter man där med mössa och vantar och undrar var värmen tog vägen.

I Grekland finns det berättelser som förklarar allting. Guden Halkyones straffades för att han ville vara som Zeus, och förvandlades till en fågel som måste bygga sig ett rede på vattnet. Storguden Zeus blev så berörd av det besvärliga i att göra sig ett näste mitt i vintern, att han lät luften klarna, vindarna lägga sig och solen värma, så att den stackars Halkyones fick bygga ett bo i fred och lägga sina ägg i lugn och ro. Nu förstår jag varför det ibland kommer en sommarhälsning mitt i januari. Det gäller att passa på innan vädret och Zeus ångrar sig.

Under de halkyoniska dagarna vaknar minnen från sommardagar när kvällen aldrig vill ta slut. Sena middagar på en taverna i augusti när asfalten mjuknade och gräset dammade. Värmen låg kvar och kröp under trettio grader sent framåt midnatt. Ingen ville gå hem till en säng som aldrig svalnade. På tavernan hoppades man att det skulle bli lite svalka och kanske lite vind framåt midnatt. Den grekiska sommarnatten har inget slut.

Utanför Zappeion vajar flaggorna från EU:s medlemsländer. Den svenska flaggan lyser som den grekiska solen mot den blå himlen. Och polisen som vaktar högkvarteret står med ett filter i mungipan och rullar en cigarett och ser på mig som om han hellre skulle vilja ta spårvagnen ner till Glyfada och äta lunch på en taverna vid havet.

Greklands ordförandeskap i EU förändrar Athen. Nu kommer ministrarna inflygande som blå Kungsfiskare på rad från ett vintrigt Europa och möts av Halkyoniska sommardagar när solen värmer ett land som längtar efter att lämna krisen bakom sig. -Vi ser ljuset i tunneln och vi behöver inga mer stödlån, säger den grekiske premiärministern Samaras.

Jag önskar att Samaras har rätt. Det här är ett rikt land som behöver få tillbaka framtidstron. Det ändrar sig snabbt i Grekland. 2014 beräknas bli ett rekordår för turistnäringen och i Athen har byggkranarna börjat svänga igen. Kineserna njuter av vänliga greker och den goda medelhavsmaten. Nya affärer öppnar och folk handlar igen. Det är nog de Halkyoniska dagarna som har en god inverkan på både fåglar och människor. Man börjar längta efter sommaren och de sköna kvällarna. Det finns antagligen en gammal mytologisk berättelse om hur Zeus såg behovet av att umgås och njuta av livet, så han skapade en taverna där människorna kunde träffas och tillbringa större delen av dagen.

Vigseldrömmar

Mars 2014

Svenska brudpar som rest till Grekland för att gifta sig har drömt om liten avskild strand där solen sakta sjunker mot horisonten. Grekiska brudpar har drömt om ett stort fett bröllop när alla släktingar och vänner som finns är med. Gärna upp emot två tusen personer.

Verkligheten har hunnit ikapp drömmen. Idag har man inte råd med jättebröllop. Visionen har krympt. Krisen har ritat om drömkartan.

I Chania på Kreta gifte sig 500 brudpar förra året. 80 par gifte sig i kyrkan. Resten vigdes borgerligt. De ortodoxa prästerna satsar hårt för att ungdomarna ska välja att gifta sig i kyrkan. Brudparet väljer borgmästaren istället. Det kostar för mycket att betala prästerna, som egentligen inte får ta betalt för sina tjänster. Alla vet att det är som i Sverige när det handlar om kyrklig vigsel. Man har redan betalt sin avgift på skattsedeln. Det ska inte kosta extra. Så är det även i Grekland.

Mina grekiska kollegor börjar få det knapert. De har sina revir som de bevakar med hökblick. När jag närmade mig ett grekisk-ortodoxt kapell förra sommaren, gick larmet igång med buller och bång. Min vän, den grekiske fotografen, berättade att prästen var rädd om sina extrainkomster från brudpar. Han trodde nog att jag konkurrerade om kärleken.

Då är det bättre att leta upp en plats som grekiska präster inte är intresserade av. I Grekland kan man inte tänka sig en vigsel ute i det fria på stranden. Här måste man ha en kyrka eller ett kapell där altaret markerar gudsnärvaron.

Jag minns när jag som nybakad präst fick frågan om att viga ett brudpar i slalombacken i Köla. Brudparet tillbringade varje helg i sin husvagn i Valfjället och utförsåkning var deras stora intresse. Jag blev tillfrågad för att jag gillade att åka slalom.

Brudparet hade fått utmaningen av några vänner som

tyckte att de borde gifta sig efter många år tillsammans. De slog vad. Kunde de finna en präst som höll vigseln i slalombacken, då skulle brudparet ställa upp.

För mig var det ingen tvekan om att hålla en vigsel ute i det fria. Gud har alltid varit nära människor där man har sina vänner och där man brinner för sina intressen och för andra. Så var det för det här brudparet.

Strax efter att bröllopet blivit känt ringde telefonen. Det var en reporter på lokaltidningen som frågade vad jag höll på med. Han berättade att nyheten hade kommit på teleprintern och var ute i alla tidningar. Han skulle minsann få biskopen att stoppa hela spektaklet. I tidningarna kom vi med bild och allt. Men inte hade min kyrka några invändningar till en vigsel under guds himmel i en slalombacke.

Det finns alltid någon som vill klaga på det man gör. Särskilt om man har roligt och gör något som inte gjorts förut.

Det gudomliga är närvarande i gemenskapen mellan människor där vänskap och kärlek får blomma fritt. Det är just detta som många svenska brudpar längtar efter när man reser till Grekland. Mer av närvaro, samvaro och härvaro. Mindre av spektakel och uppblåsta konstigheter som får vännerna att häpna över hur originella man kan vara. Brudparen söker det väsentliga i kärleken. Heligheten blir tydlig.

I somras stod jag på en liten avskild strand tillsammans med ett mycket speciellt brudpar. Allt var fint som ett vykort. Till och med vinden avtog, havet stillnade och solen var på väg ner.

På festen framåt kvällen hos våra grekiska vänner åt vi bästa maten och drack husets goda viner. Kocken satte eld på de fyllda raki-glasen och kvällen blev natt. Jag gick till sängs någon gång efter midnatt. Den yngre generationen fortsatte festen till morgonen. På Kreta finns det ingen anledning att gå och lägga sig när kvällen blir sval och köket har fyllda kylskåp. Nattamaten fick jag aldrig se. Hörde talas om delikatesser som dukats fram när natten blev som mörkast. Ljuset kom ur den goda gemenskapen.

Kocken skulle gifta sig några månader senare. Inget jättebröllop som man hade förr på Kreta. Bara några hundra gäster.

Påskalammet

April 2014

Jag gick genom saluhallen i Athen häromdagen. Fiskmarknaden har haft sina bästa dagar under fastan. Den som håller på gamla traditioner äter inget med blod och ben. Bläckfisk och taramosalata går bra. Stora räkor och snäckor ligger i drivor hos fiskhandlaren.

Vägg i vägg ligger köttparadiset. En styckmästare ställde sig rakt framför mig och erbjöd stans bästa fårtarmar och inälvor. En man med blodigt förkläde försökte övertyga mig om att han har det bästa lammköttet och den finaste geten. Han frestade med en hel plastback med fårskallar. Inte just nu, tack. Jag ska äta lunch och hälsar på personalen i den lilla tavernan mitt i saluhallen.

Kocken visar mig vad han har i grytorna och berättar att "majeritsan", inälvssoppan som man äter på påsknatten, är mycket god. Jag föredrar fisksoppan. Bra val, tycker kocken. Utanför matborden ser jag en slaktare som kör ner hela armen i en lammkropp och drar upp allt inkråmet. En finklädd dam med nylagt hår ser nöjd på när han slår in det som ska bli "kokoretsi", grillat inälvsspett. Påskalammet är slaktat och festen kan börja.

Jag frågar min vän, hotellägaren Michalis på Kreta, om han har tid att prata på telefon. - Nej, inte nu, svarar han. Jag målar. Allt ska målas inför påsken. Trappor, husväggar och trösklar. Efter vintern ser det lortigt och slitet ut. Med färg blir allt som nytt. Inför påsken ska det vara vitt och fint. Vi öppnar till påsk och jag hinner inte prata.

Nu är det påsk i Grekland. I år kommer den att bli extra fin. Det ligger en förväntan i luften om att livet återvänder till det här hörnet av Europa efter sex år av långfredag och motgångar. Nu är det påskdagsstämning och den långa vintern har smyckat apelsinlundar och vägkanter till ett paradis av blommor. På skärtorsdagen smyckas Jesu grav i kyrkorna. Det doftar himmelskt och det lyser av alla blommors färger. På långfredagen bärs ”epitafiet”, båren med den döde Jesus runt i församlingen. Man bär bruna ljus i händerna. Vid påsknattens mässa är ljusen vita. Mitt i natten lyser hoppet och glädjen. Man pussas och kramas.

Påsken är berättelsen om livet som går vidare. På engelska ”passover”, gå förbi. I kyrkorna i Sverige är det vanligt att vi ser Kristus på korset, som om han aldrig gick vidare. Här i Grekland går man vidare till påskdagen och befrielsen till det liv som vi tänker oss som ett paradis. Porten öppnas på påsknatten och ljuset sprids från hand till hand tills hela kyrkan och kyrkbacken gnistrar. Alla går vidare med ljuset ut i natten.

Vi firar påsk till minne av uttåget ur Egypten. Exodus, när Mose förde folket vidare till friheten. Sista tiden har jag mött flera flyktingar här i Athen. De är mitt i sitt Exodus, ett uttåg ur fångenskapen i sitt gamla hemland. De är på väg till friheten, som för många stavas Sverige. Deras väg går genom en Långfredag som kan vara veckor, månader och år. De hoppas på en påskdag när solen går upp på en himmel utan taggtråd. De kommer från Syrien, från Afghanistan och Iran. De har fastnat här i Grekland men vill till Sverige. De vill inte stanna i långfredagen utan vill vidare till påskdagen. Några hamnar i polisens fängelser. Andra sitter i flyktingläger. Många lever anonymt utan papper i väntan på asyl.

Det berättas för mig om hur det är att vänta på ett tillstånd som visar att man får vara den man är och har rätt att finnas där man finns. Många flyktingar är vana vida att vänta. De har tålamod. De har varit på väg länge och de tänker fortsätta att vara på väg. Långfredagen är inte slutmålet. De bär påskdagens befrielse med sig varje dag.

Vintern och våren har varit sval och regnig i Grekland och det finns nu ett överdåd av blommor som plockas och används till att smycka kyrkan. Där inne doftar rökelse, apelsinblom och bivax. Kyrkorna fylls av människor som ser fram emot påskdagen när livet ska firas. Då går vi vidare ut genom paradisets port, till fest och livsbejakelse.

Min frisör Georgios sa till mig att har du bott mer än fem år i Grekland så blir du grek. Han menar att här är påsken ett sätt att leva. Långfredagen är ett sätt att se på motgångarna och allt som inte blev som man hade tänkt sig. Påskdagen är morgondagen när allt är möjligt igen. Och varför skulle vi gräva ner oss i sorger när det finns så mycket att glädja sig åt. Livet går vidare. Det är ju passover och huset står kvar och familjen finns omkring oss. Han har rätt. Jag blir mer och mer grek.

När slutar man bry sig?

Maj 2014

Som när en duva tvättar sig i en vattenpöl. Skjortan torkade över en rododendronbuske i Nationalträdgården. Huvudet stack upp bakom tvätten. Svart hås och skägg. Detta var hans hem. Vakterna som varje kväll låste grindarna, lät honom vara. En bostad var det inte. Men ett hem.

Vi lever sida vid sida, flyktingen, den hemlöse och jag. Samma luft andas vi men lever i skilda världar. Vi sover i olika sängar och äter olika mat. Före jag såg honom, såg han mig.

Mina ögon ser om det är mycket eller lite folk i rörelse. Den hemlöse ser allt som passerar. Känner igen stegen hos Kostas som bor i kvarteret och Georgios som är civilklädd polis. Ser vem som inte hör dit. Håller sig i skuggan liksom hundarna.

Utan mobiltelefon och kreditkort kräver varje minut hans närvaro och skärpa. Är ständigt beredd, ögonen vaksamma. Ser förändringar i omgivningen. Lever som räven i skogen. Ligger alltid steget före. Känner vittringen och läser prasslet i fjolårslöven.

Jag har börjat vänja mig vid uteliggarna som sover i portarna, i parkerna och under sina hyddor av wellpapp och plast. De har blivit en del av vardagen. Några har jag börjat heja på. En liten nick på huvudet för att jag vet att han känner igen mig och jag har sett honom. Det skulle kännas oartigt att inte hälsa när vi möts på gatan. Och samtidigt gör jag mig själv osynlig för de hemlösa. Jag vill inte bli indragen i deras värld och deras elände. Turisterna tittar och tar upp kameran. Jag går förbi som grekerna gör, med fokus långt fram i gatan. Jag är inte längre en förvånad betraktare utan en som lärt sig att gå förbi utan att bli för engagerad. Jag ser inte på samma sätt som när jag var ny i Grekland.

När slutar man bry sig? Är det när jag själv blivit lurad för många gånger av tiggaren som verkar i så dåligt skick?

Är det när jag sett för många som inte har någonstans att ta vägen när kvällen kommer? Är det när jag sett deras tomma blickar och försöker skydda mig från att se in i deras värld? Jag vet inte när jag slutade tycka att det var hemskt. Kanske var det när jag såg att i den här kulturen som gränsar till öst, är det inte en skam att vara fattig.

Nu kommer sommaren i Grekland. Efter två veckor på Kreta har jag sett hur man förbereder sig på en rekordsäsong. Turisterna strömmar till från alla håll. Oron i Egypten, Turkiet och Thailand påverkar charterbolagens styrning till Grekland. Hotellen är billiga och människor är glada över att man har jobb.

Uteliggaren lämnar sin parkbänk och drar ut till någon by i den grekiska övärlden. Det är lättare att hitta småjobb och sovkvarter ute på stränderna. Jag mötte honom på södra Kreta för en vecka sedan. Glad och lycklig satt han i solhatt och spelade munspel för sig själv under en solparasoll med en öl framför sig. Havet och stranden var friheten för honom.

Munspelaren var troligen en alban eller rumän som det gått snett för. Det är så lätt att sätta en stämpel på den som beter sig annorlunda. Men i parken nära vårt hem i Athen bor en svensk. Han lever i påsar och gamla tidningar. Vill inte ha hjälp från kyrkan även om han skulle behöva. Han är en av många svenskar som hamnat vid sidan om samhället och inte längre kvet hur han ska hitta in igen.. Han skäms för sin situation och han är rädd för att bli igenkänd. Jag vet att han är min landsman och han skulle kunna vara jag.

Svenska kyrkan är en av de aktörer i Athen som vill synliggöra utanförskapet, även hos svenskar utomlands. Vi vill möta, respektera och hjälpa där vi kan. Det är inte enkelt att hjälpa den som inte vill bli hjälpt. Det vet jag. Men jag vet också att det inte hjälper att betrakta en människa som ett offer. Alla människor har en kärna inom sig som väntar på ett möte och ett samtal som respekterar individen och bryter utanförskapet.

En kvinna mötte en gång en man vid Sykars brunn. Hon var från Samarien och han var jude. De borde inte ha pratat med varann. De borde inte heller ha sett varann. Han kallades Mästaren och såg varje medmänniska med sina egna ögon och med den andres ögon. Det kallas diplomati, som på grekiska betyder ”dubbelögon”. Det är de ögonen som vi vill använda men som är så lätt att stänga till.

Vita lögner

Juli 2014

”Har ni färsk fisk?” frågade jag på den lilla tavernan i fiskeläget Agios Nicolaous på Mani. En ”psari-taverna” är just en fisktaverna och något i fiskväg måste de ha på menyn. ”Ja, alltså, det har varit så hård vind att fiskebåtarna inte har kunnat gå ut. Men vi har kalamari,”svarade servitören. ”Är den färsk?” ” Ja, den är fryst.”

Efter sex blåsiga veckor lugnade sig havet och de små fiskebåtarna kunde ge sig iväg. Tidigt i soluppgången styrde de ut för att ta upp näten och återvända hem för att landa fisken på marmorbordet. Han med fiskbilen tog för sig med kännarblick. En holländsk turist fick goda råd om val av fisk till lunch. Mannen med den rostiga mopeden köpte billig småfisk till soppa. Skräpfisken slängdes till katterna. Ingenting blev kvar. Det vita marmorbordet sköljdes av från blod och bläck.

Det tar emot för en grek att säga att man inte har det som kunden frågar efter. Man vill gärna ge ett bra svar, även om man inte vet och även om man har helt fel. Därför är det lite farligt att fråga efter vägen. ”Kör åt höger och ta av första vänster efter två kilometer”. Nästa som jag frågar säger ärligt: ”Kör åt vänster i en kilometer så är du framme”. Inget stämde. Men det var trevligt att slippa få till svar: ”Jag vet inte”. Det är inget vanligt svar i Grekland.

I fiskehallen på ön Aegina utanför Athen undrade kunderna en morgon om fisken var färsk. ”Det har ju varit dåligt fiske några dagar,” sa en kund. ”Jodå,” sa försäljaren, ”vi har fin fisk idag.” Då viskade en öbo i örat: ”Jag såg när fiskebåtarna kom in tidigt i morse. Inga måsar hängde efter båtarna. Det fanns inget rens som de kunde kalasa på. Alltså hade de ingen fångst ombord. De har varit inne i Athen och köpt fisk.” Färsk var den inte.

Det är väldigt svenskt att tro på att man menar det man säger. Men i Grekland kan man säga en sak och mena lite annat än det man säger. Säger man att Volvon som jag nyss köpt är sandfärgad med elektriska backspeglar, så kan det betyda att man köpt en vit bil med manuella backspeglar. Den andra bilen var nyss såld men det syntes inte på datorn. Man vill ju inte göra kunden besviken. Alltså säger man att den bil jag vill köpa finns i lager. Nu kör vi omkring i en vit bil med manuella backspeglar. Och dessutom hade försäljaren repat bilen innan den rullat sina första mil. Smågatorna i Plaka är ju trånga, det vet alla.

Denna vecka är vi på Kreta för att träffa bofasta svenskar och möta brudpar som rest ner till Grekland för att gifta sig. Tolv vigslar blir det sammanlagt. De flesta i Chania men tre i Hersonissos på östra sidan. Vi har bott i Kalamaki, som är en stadsdel mellan Chania och Agia Marina. Den lilla fiskehamnen har bara en yrkesfiskare kvar. Pandelitis kom in med sin båt när vi gick en morgonpromenad. Jeeparna körde ner till marinan, en efter en, för att ta hand om fångsten. Vi hörde att han sa i mobilen ”tipota”, alltså ingenting. Men visst hade han fått fisk i näten. Vid kajen väntade köpare och fisk fick de med sig hem. Det är inte alltid så dåligt som man säger. Och det är inte alltid så bra som det låter. Hur det egentligen ligger till är det bara fiskmåsarna som vet. De som hänger efter båten och tar hand om fiskrenset på vägen hem. Måsarna läser kroppsspråket och känner på lukten vad som är på gång.

Inne i saluhallen i Athen gick jag förbi en hummerfiskare för en vecka sedan. Jag frågade om han hade några ”caravides”, alltså stora havskräftor. Jag hade sett de bruna monstren i Agios Nikolaus för en tid sedan och de försvann snabbt in i fiskbilens kylrum. ”Nej”, sa fiskhandlaren i saluhallen, ”caravides fiskas inte förrän i oktober. Nu är de alldeles för små. Men varför inte prova den här hummern? Den smakar lika bra som caravides.” ”Nej tack”, sa jag och gick vidare.

Det var alltså inte tid för stora kräftor än. De hade av

misstag hamnat i nätet och försvann kvickt från marmorbordet vid kajen. En delikatess som blev ännu dyrare för att ”det är så ont om dom”, sa servitören på fisktavernan. Vad han egentligen menade var att tjuvfiskade kräftor smakar lika gott som pallade äpplen. Så länge ingen ser är det ingen som vet.

Att säga som det är, är inte särskilt grekiskt. Att inte säga något alls är otänkbart. Därför bjuder man gärna på en bra historia som kan tolkas på flera vis. Är man lika klok som en fiskmås så genomskådar man när berättelsen bara är ett spel för gallerierna. Ju högre upp i samhället, ju skickligare är man på att spela teater. Men det vet folk. Och man bryr sig därefter.

Om fisken är färsk? Ja, den som visades upp vid bordet var nyfångad men den som lagades till var en helt annan firre.

Byggkranar

Augusti 2014

Ju längre jag har bott i Grekland, desto längre bort söker jag mig från motorvägar och byggkranar där det stora livet vill imponera med glassiga hotell och gallerior. Det är i den lilla fiskebyn jag vill sitta och se fiskebåtarna styra ut i soluppgången för att hämta näten. Snart finns det inte mycket kvar av det genuint grekiska. Grekland exploateras hårt och många små fiskelägen har förvandlats till kulisser med stora livlosa hotellkomplex som en stödkrage i betong kring ett vackert ansikte.

Trafiken på kustvägen i Athen är intensiv. Som stressade myror på väg in till stacken kommer bilarna från Korint, Pireus och från bilfärjorna. Ögon i nacken, pannan och åt alla sidorna är livsviktigt för att inte bli påkörd. Hastighetsbegränsning har ingen hört talas om. Byter fil gör alla hela tiden. Man tar sig fram på något sätt med full koll på vägen.

Den intensiva trafiken gjorde att jag inte såg byggnadsställningarna som växte upp vid havet i Faliro. Tills en dag när en skog av kranar gjorde mig uppmärksam på att något stort var på gång. Frågan var bara vad som höll på att byggas?

Den ekonomiska krisen i Grekland tar sig många uttryck. Storbygget i Faliro är ett i raden. Rika grekiska skeppsredare vill inte betala skatt i hemlandet. De har en djup misstro mot statens sätt att hantera skattemedel. Ju rikare man är, desto större blir avståndet till skatteverket. Alltså visar man sin kärlek till hemlandet på något annat sätt. Onassis byggde upp flygbolaget Olympic och gav det till folket. Det var roligare än att betala skatt för att driva sjukhus och skolor.

Mäktiga personer har i alla tider valt att bygga monument över sig själva. Kejsare Hadrianus byggde en triumfbåge för två tusen år sedan till minne av sig själv mitt i Athen. Idag svänger kranarna vid havet och det byggs nationalopera och ett nationalbibliotek. Pengarna kommer från skeppsindustrin. När bygget står klart. Överlämnas det till allmänheten för drift och underhåll. I stället för att skatta i Grekland, bygger man ett kulturtempel som får pilgrimer att vallfärda till Athen.

Från vårt fönster i Karlstad ser jag byggkranarna i Inre Hamn. Det nya Bryggudden växer upp med förändrad stadsbild varje gång jag kommer hem till Haga. Nybyggnation är tecken på att staden har växtkraft. Kranarna är ett utropstecken om framtidstro.

Under tre år stod en ensam byggnadskran ett kvarter från min bostad i Athen. Jag undrade länge vem som hade råd att renovera ett stort hus i Athens dyraste kvarter. För två månader sedan fick jag svaret nere i Messinien på sydvästra Peloponnesos. Costa Navarino är en storslagen semesteranläggning med golfbana och havets alla möjligheter till sport och rekreation. Där står han staty, mannen som byggt både huset i Plaka och Messiniens stolthet.

Snart kommer en ny skog av byggnadskranar att resa sig vid gamla flygplatsen i Glyfada, söder om Athen. Området har stått övergivet sedan Onassis storhetstid och flygbolaget Olympics sista plan lyfte. Till olympiska spelen 2004 byggdes där en anläggning för rodd och kanot. Nu ska hela området byggas om till en park som får Central Park i New York att framstå som Mariebergsskogen.

Nu hoppas man att Athen ska resa sig ur den ekonomiska askan och utländska investerare ska våga satsa på Grekland igen. De behövs symboler som syns ända till New York och Peking. Ett modernt Akropolis vid havet kan vara det som får både omvärlden och grekerna att tro på en ny storhetstid.

Det är något speciellt med svängande byggnadskranar. När jag besökte Berlin i våras verkade hela staden vara en stor byggarbetsplats. Fler människor vill flytta dit. Trycket är stort. Nya hus byggs och gamla renoveras. Likadant ser det ut i Stockholm. Kranarna har blivit en del av stadens skyline.

Visst är det intressant att bo i Athen när nya projekt sjösätts och det ser ut som om krisen är över och staden vaknar till liv. Jag tycker om stadens energi och kraften i nya idéer som förvandlar slitna industriområdet till moderna kulturcentra. Men när allt blir stort och glittrigt, försvinner närheten och stillheten.

Tacka vet jag den lilla fiskebyn nere på Peloponnesos, där inte byggnadskranarna har kommit igång ännu. En stege räcker gott och väl för att byta en glödlampa.

Bouzouki

Oktober 2014

En vanlig kväll är det läggdags för barnbarnen vid niotiden på kvällen. Men det här var ingen vanlig kväll. Vi skulle gå på taverna och lyssna på riktig rebetika, den traditionella grekiska folkmusiken. Våra vänner i Pireus har pratat om det här stället i över ett år och nu var det dags. I stället för att gå till sängs, packade vi in oss i bilen och körde ner till havet för att äta middag och lyssna på musik. Jag tänkte flera gånger under dagen att det här är inte klokt. Hemma i Sverige tittar man på Aktuellt på TV så här dags och sedan är det sängen som väntar. Och nu går vi ut för att ha roligt. Med barnbarnen.

Vi är i Grekland och det här var en vanlig kväll. När vi kom fram till tavernan To Steki tou Maki i stadsdelen Keratsini var klockan omkring tio. Ett fåtal gäster hade kommit och Maki själv gick runt och pratade med folk vid borden. Vi hade reserverade platser längst in i lokalen, bredvid stolen där Maki skulle spela. Rökförbudet på restauranger var det ingen som kände till. Makis fru Sofia berättade vad som fanns i grytorna den här kvällen och vi hade hört om hennes goda biffar. Det blev som vanligt en blandning av sallad, kåldolmar i citronsås, tzatsiki, biffar och grillade lammkotletter.

Framåt halv elva började Maki spela på en liten baglamadaki för att få upp stämningen. Några sånger handlade om kvarteret runt tavernan. Om kyrkogården som ligger tvärs över gatan handlade några sånger. Om prästerna som sjunger om himlen, om hundarna som springer på gatan och skäller, om havet och båtarna.

Omkring halv tolv bytte Maki till bouzouki och började sjunga rebetiko, grekisk blues, som handlar om smärtan och glädjen i livet. Sånger som nästan alla gästerna runt borden kunde utantill och sjöng med i. En av Makis vänner höll rytmen på tamburinen och när temperaturen steg och känslorna svallade i sångerna, då kunde inte herrarna sitta kvar på stolarna. En man gick upp och dansade ut sin glädje i en långsam svängom med sig själv på fyra kvadratmeter mellan borden. När han satte sig gick hans kompis upp och svängde runt med armarna över huvudet. Långsamt och uttrycksfullt. Några varv och sedan tillbaks till bordet där kompisen slog armarna om vännen och de gladdes tillsammans över att fortfarande vara unga i själen och levande i sinnet.

Två gånger i veckan träffas grupper på kyrkan i Athen till frigörande dans. Rörelsen som följer musiken utan krav på några styrda regler, blir till själens uttryck och ger både självkännedom och frihet i uttrycket. På Steki tou Maki frigör dansen det unga sinnet i den åldrade kroppen. Leendet sprider sig över ansiktet och känslorna är stora och starka.

Medan barnbarnen sov fortsatte Maki att spela sång efter sång. Min bordsgranne berättade att han är zigenare och att det inte alltid har varit lätt för honom att bli accepterad i Keratsini. På väggen bakom vårt bord hängde foton av flera rebetikosångare som genom åren spelat på Makis taverna. Idag är det bara Makis kvar och någon har skrivit bredvid fotot: ”Det är bara han som lever”. Någon har skrivit med blyerts därunder: ”Men vilket liv?” Tack vare hans stora musikalitet har han fått en stor vänkrets och tavernan går bra.

Vi upplevde att den här musiktavernan var helt annorlunda än de matställen som vi ofta går på i Plaka i centrum av Athen. Makis ställe var som om en stor familj träffades för att ha en trevlig kväll. Äta och sjunga och prata tillsammans till maten och sångerna tagit slut. Vi gick hem framåt ett på natten och då var rebetikon i full gång och natten skulle fortsätta flera timmar till.

När barnen vaknade nästa morgon fanns fortfarande musiken kvar i ben och armar. De ville dansa och fortsätta festen ett tag till.

Sofia började redan på lördagskvällen att laga mat till söndagens lunch. Helgerna är bästa dagarna för den lilla tavernan. Om vi hittar tillbaks till området kring första kyrkogården i Keratsini, vill vi absolut lyssna fler gånger på Maki som sjunger och spelar om hur svårt grekerna hade när de tvingades fly från Turkiet på 20-talet och hur svårt livet fortfarande är för alla som älskar sitt hemland. I Grekland är det en hederssak att aldrig glömma svårigheterna som man kämpat sig igenom för att bevara friheten och stoltheten. Musiken och dansen blir den stora bejakelsen av livet.

All inclusive

Oktober 2014

Glasstanten lyfte upp mitt barnbarn i famnen och pussade på kinderna. Sedan la hon i två skopor jordgubbsglass i en bägare och toppade med knallblå smurfglass och fem blå marshmallow-smurfar. Betala fick vi inte göra och vi satte oss utanför och smakade på kalaset.

Det händer ofta på vår gata mitt i Athen. En taverna vill bjuda på ett glas vin när vi går förbi. Gatan blir till ett vardagsrum där man träffas och pratar en stund. Dyrt och märkvärdigt behöver det inte vara. En smurfglass räcker långt.

Vi känner oss hemma på gatan i Plaka bland greker som uppskattar gemenskapen och gästfriheten och pratstunden över ett glas vin eller en kopp kaffe. När man är tillsammans är livet gott. Att sitta ensam i ett land där relationskulturen dominerar är inte hälsosamt.

Häromkvällen var jag på konsert på den gamla Herodionteatern vid Akropolis. Greklands mest kände folksångare, Dalaras, sjöng inför en fullsatt salong med femtusen i publiken under bar himmel. Konserten började klockan nio och slutade klockan ett. Sista timmen var som en varm hyllning till allt som är grekiskt. Vemodet, längtan och glädjen över allt som livet rymmer. Och publiken kunde alla sångerna utantill och sjöng med. Bakom mig satt en man som sjöng falskt som en fartygssiren men med hjärtat fyllt av kärlek till musiken. Många grät medan Dalaras kramade om publikens hjärtan. Och vi gick hem med en känsla av att ha varit med om något alldeles extra.

Dalaras fyllde år just den här dagen och publiken ropade ”chronia polla”, grattis på födelsedagen, och alla sjöng Happy Birthday. Konserten blev till något av en stor familjefest där alla hörde ihop genom musiken.

På Rhodos för två veckor sedan blev jag bjuden på födelsedagskalas hemma hos en svensk-grekisk familj. Vid varje tallrik låg en liten kvist av en kryddväxt som nyss plockats på balkongen. Min lavendel doftade starkt och gott. En grön knippa mejram funderade vi länge på vad den kunde heta på svenska. På en grekisk balkong finns det ofta något användbart och ätbart. Men framför allt finns det mycket att samlas kring och prata om. Gemenskapen är det viktiga och när kvällen kommer med svalka efter en varm dag, är det svårt att gå hem.

Hotellägaren Dino på ett litet hotell i Gamla Stan i Rhodos överraskade oss med en god lunch en vanlig onsdag. Han ville prata och tycker inte om att äta ensam.

Många turister missar den grekiska gästfriheten och gemenskapen. Veckan på ett all inclusivehotell eller ombord på ett kryssningsfartyg gör att man skyndar hem till den förbetalda middagen när kvällen kommer. Det leder till att de små tavernorna och de mindre familjehotellen tappar gäster. Massor av människor strövar omkring i Rhodos stad men handlar bara små souvenirer. Affärer som säljer guld och pälsar hade på försommaren bra omsättning. De ryska turisterna har varit mycket bra kunder där de senaste åren. Sedan skyndar man sig hem till all-inclusivehotellet.

I september var grekerna oroliga för utvecklingen i Ryssland efter händelserna i Ukraina. Rubeln har fallit i värde och resor betalas i dollar och euro. Flera av de stora ryska resebolagen har gått i konkurs under sommaren. Bubblan ser ut att spricka och ryska turister har fastnat i Grekland när flyget tillbaka hem ställts in. Grekiska myndigheter har gått in och hjälpt till för att turisterna ska kunna återvända hem. Den grekiska gästfriheten är gränsöverskridande.

Före mig i kassan i Tax free-shopen på Rhodos flygplats försökte en ryss betala billig sprit med sitt nya kreditkort. Tyvärr, sa kassörskan med ett vänligt leende, så fungerar inte ert kort. –Jo, det är inget fel på mitt kort, svarade ryssen. Tyvärr, svarade kassörskan. Ni kanske har kontanter?

Det verkar som om en vändning är på gång från det stora och anonyma till det lilla och personliga. En ny rörelse växer fram som värnar om det lokala och traditionella. All exclusive är en motvikt till hotellkedjornas middagsbufféer och fria drinkar. På den lilla tavernan finns den stora gemenskapen.

”You made my day”, sa glasstanten och kramade om mitt barnbarn. Nu känner vi att vi tillhör hennes familj. Barn är bra. Barnbarn är bättre. Familj är bäst och vi är lyckliga över att höra ihop med glasstanten och kyparen på tavernan och ägaren till det lilla hotellet. Vi väljer gärna bort all-inclusive. Gemenskapen i ”all exclusive” bevarar traditionerna och har framtiden för sig.

Livet är teater

November 2014

När jag möter mina finska vänner på lördagsmorgonen ryker det ur öronen av ilska och förkylning. Vi var med på filminspelning, berättar Nina, som vrider sig i en hostattack. -Det var det värsta jag varit med om. Vi fick sitta i nio timmar, tunnklädda i kylan, medan ett gäng ryska dansare skulle filmas och vi skulle föreställa nordiska turister. Betalt fick vi inte och filmteamet brydde sig inte om oss det minsta.

Det spelas in mycket film i Grekland. När livet är en sorglig tragedi behövs det en stor portion komedi för att man ska uthärda verkligheten. Den grekiska filmen ”Dogtooth” är bland det svartaste jag sett. Efterträdaren lär vara ännu mörkare. Här i Grekland behövs det stora gester och dramatiska uttryck för att gestalta något som alla känner till men få vill erkänna.

För ett par veckor sedan var jag hembjuden till vänner på middag här i Plaka. Utanför fönstret pågick inspelningen av en film om en svensk skådespelerska som kommer till Athen. Hela gatan var ombyggd till taverna med ett musikkapell som spelade och gäster som kom och gick. Scenerna fick tas om gång på gång. När kvällen kom och mörkret föll ropade regissören upp till oss: - kan ni stänga fönsterluckorna, tack. Han ville inte att vi skulle synas i filmen. Vi fanns inte med i manus.

Det kändes lite snopet tyckte jag. Livet här i Athen är som en teater för det mesta. Ibland spelar jag med i en tragedi och röstläget är högt och tårarna nära. Snabbt vänder det och allt blir till en komedi och vi skrattar och kramas. Vi behöver få uttrycka våra känslor och det kan se väldigt dramatiskt ut. För det mesta är det inte så farligt. Det låter mer än det är. Och det går över.

Den 28 oktober är det nationaldag i Grekland. Då firar vi att Mussolini fick nobben när han krävde grekernas kapitulation 1940. ”Oxi”, sa grekerna. Nej, här kommer ingen katolik över gränsen. Till minne av denna händelse firar skolorna fortfarande sin frihet med parader genom gatorna. Man visar respekt för landet, staden och skolan. Framför parlamentet i Athen sitter höga herrar och tar emot skolbarnens hyllningar i sina fina uniformer.

Är detta också en teater? Det är en komedi, menar en grupp skolvakter som demonstrerar på Syntagma samtidigt som eleverna marscherar i bakgrunden. Skolvärdarna har blivit uppsagda och skolorna kämpar med dålig ekonomi. Lärarna har svårt att undervisa och det saknas skolböcker. Skolvärdarna bär flaggor som antyder att skolan har blivit ett fängelse där elever förvaras utan utbildning.

De tusentals poliser som ser till att varken jag, föräldrar eller demonstranterna kommer i närheten av paraden, ser ut som en publik på en teater. De väntar lugnt på att stycket ska ta slut och alla får gå hem. Ena dagen är det komedi, nästa är det tragedi. Den här dagen var det både ock.

I staden Patras på västkusten ställde elevernas föräldrar rektorn mot väggen och krävde att de skulle få vara med och se skolparaden, annars skulle man strejka. Då tänkte skolans ledning om och öppnade upp nationaldagsfirandet. Fler föräldrar borde sluta spela med i dålig teater.

Det har tagit mig några år att inse att livet i Grekland är en teater. Alla vet om att de som sitter på ministerposter inne i Parlamentet spelar sina roller. De säger det som står i manus, men när de går hem byter man karaktärer. Och de som demonstrerar ute på torget spelar upp en tragedi och alla dör på slutet av pjäsen. Men när banderollerna rullas ihop, går man på taverna och äter och njuter av höstsolen. Livet kan vara både gott och förfärligt samtidigt. Det beror på vilket manus man tar fram och vilken roll man spelar.

Min favorittaverna heter Thespis och ligger här i Plaka. Thespis sägs vara uppfinnaren av teaterkonsten för sådär tvåtusenfemhundra år sedan. En dag när jag var där och åt middag, var skattekontrollanten på besök. Han satt ensam vid ett bord fullt med pärmar och ett glas ouzo. Vid ett annat bord en bit bort satt hela personalstyrkan, tysta och nedstämda. Det osade tragedi lång väg. När kontrollanten hade gått, utbröt stort jubel och huset bjöd på vin och frukt. Det stora dramat hade övergått i komedi och alla skattmasar framställdes som dumbommar.

Kort därefter stängde tavernan ner verksamheten utan att närmare förklara varför. Den gick inte dåligt men det kan ha något att göra med bokföringen. Alla tavernor i Plaka spelar upp sin teaterpjäs för den gästande turistpubliken. Några spelar så bra att pjäsen håller på alldeles för länge. Och vi älskar att spela med så länge vi kan. Livet är ju en teater.

Sopor

November 2014

För det mesta är det roligt att köra bil i Athen. Ibland går det fort och allting flyter när det står en polis i varje korsning och vinkar med sina vita handskar och blåser sig blå med sin pipa. Ofta går det inte alls, och trafiken fastnar när det är någon utländsk minister som ska checka in på ett hotell i centrum. Poliserna älskar att kliva rakt ut i floden av bilar och dirigera sin orkester av motorcyklar, lastbilar och en vanlig svensk Volvo som försöker att undvika att bli påkörd.

Häromdagen satt jag bakom ratten, full av beundran för en mc-polis som klivit av sin hoj och ställt sig mitt i en av de mest trafikerade korsningarna i Athen. När det var dags att stoppa trafiken från ena hållet, lyfte han först tre fingrar i luften med ögonkontakt till bilisterna, sedan ett finger och så stopp. Och bilarna förstod precis vad han menade. Panta rei, sa de gamla grekerna. Allting flyter, och det är polisernas uppgift att se till att ingenting stannar. Då blir det verkligen kaos.

Det är inte en rättighet att komma fram i trafiken i Athen, det är en möjlighet. Allt jag har lärt mig i körskoleboken får jag smälta om till den verklighet som gäller på gator och trottoarer. I Sverige parkerar vi i målade rutor och stannar vid rött ljus. I Athen ställer vi bilen där den får plats och vi kör när vi kan, utan att köra på någon annan om vi kan undvika det. Här kör vi med hjärtat i halsgropen och ögon i nacken.

Jag har hittat små genvägar in till centrum, där det går lättare att ta sig fram. För det mesta, men inte alltid.

Två sopgubbar stod med sin bil mitt i vägen när jag kom körande sent på kvällen och ville hem. Inte en chans att ta mig förbi och bakom mig växte snabbt en irriterad kö. Gubbarna vid soptunnorna tog det lugnt och jobbade på så fort de kunde. När första soptunnan var tömd kom den andra. Och när den var tömd kom den första tunnan fram igen. På trottoaren låg nämligen en rejäl driva med svarta sopsäckar som inte fick plats i de fulla tunnorna. Fyra soptunnor blev till tio. Gubben i förarhytten klämde ihop soporna så gott han kunde. Det rann och rasade. Mannen närmast påfyllningen jobbade utan handskar.

Det tutas alltid i en bilkö. Men vi som såg vad som orsakade proppen i trafiken ville ge dem en applåd för väl utfört arbete. Och så håller de på, dag som natt. Soporna tar aldrig slut. Det är bara vårt tålamod som är på upphällningen.

Utanför parlamentet är det särskilt viktigt att trafiken aldrig stoppar upp. Svartklädda ministrar i svarta bilar måste få förtur till och från riksdagshuset i centrum. En kvinnlig trafikpolis i kortkjolad uniform och högklackade skor står mitt i Drottning Sofias gata och släpper fram bilförarna i tur och ordning. Hon har pondus som en lejontämjare. Rör sig lite grann hela tiden för att vara synlig. När hon snabbt vänder sig åt mitt håll, visar jag med tummen upp att jag tycker hon gör ett bra jobb. Hon svarar mig med ett snabbt leende och ett uttryck i ansiktet som säger: -den här regeringen skulle aldrig komma till jobbet utan mig!

Ibland kör vi vänner till flygplatsen, särskilt om de ska flyga väldigt tidigt om morgonen och har tunga väskor. En sen natt körde vi på ganska folktomma gator runt berget Imittos för att komma till flyget. Före oss körde en sopbil som stannade med jämna mellanrum för att tömma soptunnor. En manlig och en kvinnlig sopkörare jobbade ihop och pratade hela tiden medan de i full fart höll sig fast i sopbilens handtag. De verkade ha roligt på jobbet. Att tömma en tunna då och då var bara ett trevligt avbrott i samtalet.

Sopkörare är ett uthålligt släkte. Hos mig i Plaka kommer de varje natt halv två. Första nätterna trodde jag att det var fullt krig utanför huset. De pratade högt och slamrade med sopkärlen som om det var mitt på dagen. Idag blir jag lite orolig om de inte kommer. Har det hänt något? Har de glömt bort mig och mina sopor? Hur fullt det än är på kvällen, så är det tomt och snyggt på morgonen. Och vår gatsopare ser till att småskräpet kring tunnorna hålls snyggt. Hon går omkring i kvarteret varje morgon och samlar muggar, påsar och annat skräp. Det ska vara snyggt på hennes gata.

Hårda paket

December 2014

Jultiden i Athen är en blinkande, spelande, doftande, knuffande kalabalik. Gatorna är fulla av bilar som inte hittar någon parkering. Trottoarerna är fulla av folk som önskar att man hade pengar att köpa julklappar för. Affärerna är fulla av tomtar och snö och julmusik. Jag går omkring och känner ett underligt obehag i magen. Så där som när en jordbävning sätter igång. Det mullrar dovt som om det står en stor lastbil utanför huset. Och så börjar det gunga till. Då tänker grekerna: -"Är det den stora som kommer nu. Hoppas att det bara är ett litet skalv som går över snabbt". Men många väntar på Den Stora som kommer vart tionde år.

Min känsla av obehag växer när jag för en vecka sedan gick över Syntagma och såg flyktingarna från Syrien som slagit läger framför parlamentet. De har lämnat allt och har inget. Några meter därifrån börjar Fina Gatan där barnkläder kostar mer än vuxnas festutstyrsel. När jag frågade en av syrianerna vart de vill resa, svarade han Sverige. Det är ett bra land, sa han. Där finns det en framtid, det gör det inte här. Dagen efter kom polisen och julstädade bort flyktingarna.

Flera av mina vänner i Athen har fått hårda paket i julklapp. Häromdagen kallade rektorn för Athens universitet lärarna till ett möte. Man anade att det inte var goda nyheter. Rektorn stegade arrogant in, klädd i skinnjacka och utan några papper i handen. Såg sig om i församlingen och frågade om alla förstod grekiska. Han förtydligade sig med att några ju inte såg helt grekiska ut. Rektorn berömde sedan lärarna för deras höga löner och tyckte att de kunde klara sig själva i fortsättningen. Universitet kommer inte att anställa lärarna nästa år, utan de får bli egna företagare och starta bolag och betala sina egna sjukförsäkringar och pensionsinbetalningar. Eget bolag kostar 250 euro i månaden och nästa år förväntas man själv skaffa elever till undervisningen, som rektorn vill ska kallas universitetsstudier. Han kommer att få se sig om efter lärare nästa år. De kommer att stå lika glest som i kön till utlåning på banken.

Den där känslan av jordbävning vill inte släppa. Det börjar som en baston långt nere i jordskorpan, mer kännbart än hörbart. Det går inte över fastän Athen har tänt julbelysningen över gatorna. Många svenskar här i Grekland är beroende av turistnäringen. De sista dagarna har de fått flera hårda paket till jul. De två senaste åren har hotellbokningarna dominerats av ryssar. Lagom till jul rivs många kontrakt upp. De har inte råd. Ryska resebolag har gått i konkurs. De får inte resa västerut. Hela säsongskontrakt går i papperskorgen. En del frågar sig hur man ska klara sig utan ryssarna? Andra säger att det har vi gjort förut. Det kommer andra. Men kanske inte den här sommaren.

En svenska skördar oliver för att dryga ut matkassan nu när staten har dragit in på arbetslöshetsstödet under vintermånaderna. 20 euro i fickan för en dags arbete är bättre än inget alls, säger hon. Och jag vet av egen erfarenhet hur ont i axlarna man får av att stå och räfsa ner de stenhårda frukterna. Men hon har inget val. Statens kassa är tom. Familjen måste ha mat på bordet.

Varför gör man inget åt det hela, frågar jag taxichauffören på väg till flygplatsen. Det kommer inte att hända något förrän valet är över, svarar han. Grekland ska välja ny president efter Papoulias. Han är som jultomten. Visar sig ibland men är för det mesta osynlig. Premiärminister Samaras säger att det går bra för Grekland nu. Det väntar bättre tider, säger han. Utländska investeringar är på gång. Men för grekerna blir det hårda paket den här julen.

Jag hoppas att min magkänsla av jordbävning är fel. Jag vill tro att det ska finnas mjuka paket under granen. Så många greker som vi har mött de senaste veckorna med en vänlighet som värmer ett svenskt vinterhjärta. Det verkar som om ingen kris i världen kan bryta ner grekernas glädje över att berätta om sitt land och sin familj.

Här i Grekland håller man berättelserna vid liv. Och grekernas historier handlar om goda år och besvärliga tider när familjerna tvingas lämna hus och hem och sedan bygga upp livet på nytt igen. Hårda paket till jul är inga nyheter. Det har alltid funnits motgångar och jordbävningar. Och det har alltid funnits vandpunkter, även om det dröjt flera år tills livet förbättrats.

En skola i Plaka har julfest. Sångerna strålar ut på gatan och jag dras in till den öppna porten. Därinne sjunger barnen i tomtekläder, änglavingar, och kungamantlar. Det är som det ska vara, tänker jag. Barnen är framtiden och deras sånger handlar om det goda livet. De sjunger från hjärtat och jag hör en sång som är stark och tydlig och full av liv.

Hoppas på framtiden igen

Februari 2015

Förre premiärministern Samaras lämnade sitt kontor i vrede när han inte blev omvald. På väg ut tog han med sig allt han kunde bära. Kaffekassan tömdes för han ville inte ens bjuda på en fika. Han verkade sur. Efterträdaren Tsipras är glad och nye finansministern Varoufakis ler hela dagarna. Han tror på det han säger och han får greker över hela världen att hoppas att en ny tid har börjat. En kvällstidning kallar honom "Europas hetaste finansminister".

Athen har vinter men inuti människor är det varmt. Jag har märkt det här i ett par veckor nu. Folk har ett leende på läpparna för första gången på flera år. Kravallstaketet framför parlamentet är borta och de mörkblå polisbussarna håller sig på avstånd. En ny tid har börjat och nu demonstrerar människor på Athens gator FÖR den nya regeringen. Allt brukar annars vara mot något. Grekland har till och med en nationaldag som kallas nej-dagen. Den gången var det nej till Mussolini. Nu hörs det JA till de nya ekonomiska planerna som regeringen Tsipras lanserar.

Utförsäljningen av de stora hamnarna i Pireus och Thessaloniki stoppas. Anställningarna av dyra bemanningsföretag i stället för de avskedade städarna på ministeriekontoren avbryts. Den nya regeringen vill förändra landet med hederliga siffror i stället för gammal påhittad statistik. Det är en ny tid på väg, och folket ler.

När jag vill veta vad som händer i Athen går jag och klipper mig. Georgios, min frisör, pratar med människor hela dagarna och är som antikens toalettstädare; hör allt och berättar vidare det som kan ge fler kunder och en slant i fickan. Georgios säger att det är slut med tiden när alla fifflade. Hans hyresvärd kan inte längre ta vilken hyra han vill. Folk byter inte TV och bil vartannat år. Det är nya tider nu. Han säger att grekerna har börjat hoppas på framtiden igen. Det har kommit in en ny ton i samhällsdebatten. Folk har börjat fått tilltro till sina politiker efter många år av besvikelse.

Georgios berättar att utländska journalister kritiserar den nye finansministern för hur han ser ut. Inte har han slips och hans skjorta hänger utanför byxlinningen. Han står med handen i byxfickan. Och han kör motorcykel till parlamentet. Varoufakis verkar vara en vanlig människa. Och Georgios säger till mig: -Det är bättre att han har handen i sin byxficka än att han har den i min.

Yanis Varoufakis kom till toppmötet i Bryssel utan slips men med en burberryhalsduk nonchalant om halsen. IMF-chefen Christine Lagarde log brett och verkade glad över att någon av alla slätstrukna gossar har modet att bryta mönst-ret och komma med något nytt. Men tidningarna tar inte Varoufakis på allvar. ”Poor but sexy” skriver en tidning. Som om Greklands finansminister inte har gjort läxan men vet hur man ska se ut för att gå hem i vissa kretsar.

”Du kan inte få en gammal ko att mjölka genom att piska den”. Greklands nye premiärminister Tsipras försöker övertyga Europa om nödvändigheten av att finna nya vägar för att lösa krisen. Varoufakis har förhandlat om orimligt dyra lån. Det är två nya ansikten som journalisterna försöker platta till. Men grekerna vet att de är erfarna och kunniga ekonomer och förhandlare som nu kliver in i på spelplanen. De kräver nya spelregler. De gamla avtalen har gynnat politikerna men inte folket. Och de har också gynnat utländska banker och utländska industrier. Det är inte rättvist, menar Tsipras, att folket ska fortsätta att bestraffas för att makthavarna har stoppat både skattepengar och EU-bidrag i egen ficka.

Efter fem svåra år för Grekland hoppas jag få vara med och se att krisen vänder. De senaste veckorna har något mycket viktigt hänt som tänt hopp hos härdade greker. Förtroendet för regeringen har återvänt. Folket vill vara med och bygga upp landet. Människor ler på gatorna.

Ofta har jag tänkt att det gamla systemet med ett par familjer som skiftar makten i parlamentet inte går att förändra. De har haft skickliga advokater och tunga kontakter inom media som sett till att inga nya tar sig in i regeringskansliet. Men nu har makten rubbats och de nya rösterna som låter lika övertygande som de gamla har en folklig förankring och vill återskapa demokratin. Det är kraften i den nya tilltron som öppnar framtiden. Nu tror jag till och med att grekerna vill vara med och betala skatt.

Måla över problemet

April 2015

När det regnar i Athen, så kommer allt på en gång. Det vräker ner och gatorna förvandlas till floder. Takterrasserna förvandlas till simbassänger och balkongerna blir till badkar. Den som har glömt att rensa avloppen får problem. Vattnet rinner in i stället för ut. Vatten har alltid en förmåga att leta sig neråt till lägsta punkten, och det kan mycket väl vara ditt vardagsrum med det fina parkettgolvet.

Jag hörde att det droppade och kunde inte förstå var det kom ifrån. Ute hade regnet slutat och ljudet kom inte från kök eller badrum. Det kom från vardagsrummet där det inte ska finnas vatten. På golvet var det en stor pöl och från mitten av taket droppade det vatten. Att det kom uppifrån var det ingen tvekan om men hur och varför? Det regnade ju inte ute. Kunde det vara ett rör som gått sönder? Jag ringde husägaren och berättade att jag hade en vattenläcka och frågade vad jag skulle göra. Han föreslog mig att jag skulle klättra upp på en stege, ta en skruvmejsel och sticka hål på putsen i taget så att vattnet kunde rinna ut. Jag hämtade verktyg och hinkar och gick till verket. Vattenbölden punkterades och vattnet slutade droppa. Det blev lugnt i taket. Vatten som droppar där det inte ska komma vatten, har en förmåga att låta väldigt mycket. Nu blev det tyst.

Avloppssilen på balkongen en våning upp hade inte rensats på länge. Ett kraftigt regnväder fyllde balkongen som ett badkar och vattnet letade sig in genom balkongdörren och ner under trossbotten på det fina parkettgolvet. När det blev fullt, tog det vägen ner till oss. Det letade sig hela vägen hem till städerskan som fick sparken. Sedan kom solen och torkade bort allt regn. Det behövdes ingen annan torkmetod. I Grekland kommer alltid fukten och tränger sig in i väggar och tak och så blir det sommar och allt torkar upp och försvinner. Med lite vit färg ser allting ut som nytt igen.

När jag körde skruvmejseln i taket ett år senare, bestämde sig husägaren för att det där badkaret borde tömmas lite oftare. Hantverkare kom med stora maskiner med huggmejslar som slet upp hål i balkongen där nya utkast monterades. Nu känns det tryggt att se de stora avloppsrören från den lilla balkongen en trappa upp och veta att nästa gång det regnar kommer det inte att droppa från vårt tak från just den bal-kongen, utan från något rör inne i väggen eller från en spricka i takterrassen. Vatten letar sig alltid in och torkar alltid upp.

Den här tiden kring påsk målas det överallt i Grekland. Det ska vara vitt och fräscht inför Stora Veckan när hela släkten träffas och påskalammet grillas. Man stryker vit färg på trösklar och trappor, socklar och murar. Där fukten har ställt till problem under vintern och det gröna möglet har fått fäste, blir den vita färgen räddningen och allt blir pånyttfött. Det gör liksom inte så mycket att fukten går in i väggarna och de stora bölderna växer och spränger putsen i bitar. Sommarvärmen torkar upp fukten i stenhusen och framåt juni är det som det ska igen. Lika bra att låta naturen sköta om det hela.

Många svenskar reser till Grekland för att njuta av solen och värmen vid havet. Det man inte vet är att när hösten och vintern kommer, blir det en rå kyla som tränger in i både hus och människor. Jag har mött många som bor hela året på Rhodos som säger att fukten är plågsam och sätter sig på lederna. Man får värk i hela kroppen och det går inte att hålla emot den kalla vinterfukten ens med varma kläder. Råkylan äter sig in i märg och ben. Fukten är värst på vintern.

Det är vackert i Grekland, särskilt nu i april när apelsinträden blommar och allting grönskar. Nu är det lätt att glömma kalla vinterdagar. Påsken är vändpunkten när alla gamla synder målas över med förlåtelsens vita färg. Nu vill vi glömma allt det mörka och fuktiga och se framåt till ljus och värme. Men frågan är om det är denna livsrytm som också gör att vi målar över de problem som ligger inbyggda i hela samhällsstrukturen? Det är mycket som behöver i grunden ändras för att samhällshuset ska fungera. Det räcker inte med lite vit färg.

Problemen finns ofta en trappa upp och ger effekter en trappa ner. De som äger fastigheter och jordegendomar klarar sig alltid. Värre är det för de som håller i penseln och färgburken och måste sköta ytbehandlingen för att allt ska se vitt och fräscht ut. Det håller ett tag. Symptomen behandlas men inte orsaken.

Under tamarisken

Maj 2015

Du ska inte sola när skuggan är kortare än dig själv, sa en vän som är läkare till mig. Hon arbetar med cancerprover och vet vad hon talar om. Var försiktig även på eftermiddagen när solen är på väg ner. Inte mer än 20 minuter i solen! Hon visade mig hur ett malignt melanom ser ut i förstoring. De bilderna finns inte med i några resebroschyrer om Grekland.

De första åren var jag inte det minsta försiktig i solen. Sextonåringen i mig vaknade till liv när solen värmde den bleka värmlandshuden. På den tiden var det jordnötsolja som gjorde magen brun som en pepparkaka. Vi tävlade om vem som fick mest färg på kroppen och vi hade inte en tanke på hudcancer.

Många engelsmän och skandinaver skaffar sig redan första dagen i Chania en präktig rödblommig färg på axlar och näsa. Jag ser dem ligga vid poolen med en öl i handen och ingenting på huvudet. Efter ett par timmar har de fallit in i semestervarianten av medvetslöshet och märker inte att solen fortsätter att steka fläsket fastän det luktar en blandning av billig öl och vidbränt kött.

Nere på paralian i gamla fiskehamnen sitter en man under tamarisken och pratar med sin hund. Eller det kanske är någon annans hund som just idag har slagit följe med mannen. De kloka hundarna vet vem man kan ty sig till. De pratar om de små båtarna som kommer in till den lilla hamnen i Nea Chora med sin fångst. De kommenterar vattengymnasterna som gymnastiserar sina 30 minuter och håller kroppen i trim. Och så pratar de om turisterna som aldrig förstår att solen tar hårt även under en strandparasoll.

Tamariskerna ger skugga när solen står som högst, varma sommardagar. Det barrliknande bladverket är fuktigt när allt annat är torrt. Tamarisken dricker fukt ur nattens dimma och klarar sig helskinnad igenom långa torrperioder. I Grekland är man varsam med träden och man vet att en gammal tamarisk håller kvar jorden när havet stormar. Fotgängare får snällt gå runt om trädet som växer mitt i trottoaren.

Att en tamarisk ger skydd för människan visste redan Abraham i Gamla Testamentet. Han planterade en tamarisk vid källan Beersheba som ett uttryck för att källan hade räddat livet på hans familj.

Medan turisterna i Chania går till tavernorna för att äta lunch, går grekerna hem och tar mesimeri, siesta ett par timmar när det är som varmast. Det går ändå inte att göra något vettigt och det går inte att tänka en klar tanke. Lika bra att lägga sig en stund och försöka stänga värmen ute.

Under tamarisken trivs cikadorna. De föredrar pinje men det går bra med annat. När värmen stiger över tjugofem grader börjar de spela. Eller väsnas är nog en bättre beskrivning på det gnissel som de ger ifrån sig. När en börjar, hakar de andra på. De hörs men syns nästan inte alls. Smälter ihop med barken och sitter alldeles stilla.

Cikadorna retas med oss när det är bröllop och brudparen gör sig klara att säga ja till varandra. Första sången är alltid värst. Då sätter cikadorna igång. Solosången förvandlas till en stor kör och folk börjar vrida på huvudet och snegla upp bland grenarna. Ibland måste vi avbryta sången för ingen hör något annat än oväsen. Då tystnar också cikadorna. Skönt, tänker vi och börjar sjunga igen. Då drar cikadorna på värre än någonsin. Det går inte att göra något åt eländet. Sång och gnissel och fniss blandas i en salig röra.

Den blomstertid nu kommer med lust och fägring stor. Så är det i april och en bit in i maj i Grekland. Fort blommar det över och i juni slokar träd och buskar i värmen. Men under tamarisken är det friskt och fuktigt. Där sover hundarna i skuggan och där sitter kärleksparet på bänken och håller armarna om varandras axlar, försiktigt för den nya solbrännan svider vid minsta beröring.

Carl von Linné skrev om tamarisken år 1753. Han kallade den "fransk tamarisk" med små rosa blommor som slår ut i maj och vissa år även i augusti. Tamarisken har kring Medelhavet använts som medicinalväxt mot reumatism och diarré. Jag vill gärna tro att de gamla trötta hundarna som sover under tamarisken är kloka nog att hålla sig nära det läkande trädet. Gatuhundarna med sina stela höfter och ben förstörda av reumatism och magar som lärt sig tåla det mesta, får nog hjälp av tamariskens läkande krafter.

När solen är på väg ner och strandpromenaden fylls av vandrare som hellre vill vara tillsammans än sitta ensam hemma, blir bänken under tamarisken första parkett i blå timmen. Grekerna som ser till sina båtar och kvällsbadarna som kommer med sina simfenor under armen är överlevare i tider av kris och ekonomiska motgångar. Man är van. Ingen är överraskad. Man håller fast vid sina rutiner. När inkomsterna krymper gäller det att hålla i utgifterna. Det kan grekerna. De är överlevare precis som tamarisken.

Finns Grekland kvar i juli?

Juni 2015

Det är varmt i Athen i slutet av juni. De små gatorna i Gamla Stan är fyllda av turister som fotograferar hus och hemlösa hundar. Tavernorna i mina kvarter dubblerar antalet inkastare och jag berömmer dem på grekiska, så att de lugnar ner sig och låter mig strosa omkring bäst jag vill. –Var kommer du ifrån? frågar de på dålig engelska. Den vanligaste raggningsrepliken här i Athen. –Jag bor här, svarar jag lite surt. Just nu har jag ingen lust att vara turistobjekt. Det här är mina kvarter. Jag lever mitt liv här och vill vara ifred när jag går i Plaka. Det är värre än i en myrstack när jag stångar mig fram till Areopagen, där Paulus en gång förhördes om sin tro på en skapare som gjort allt vi ser. Han var också innerligt trött på atenarna som nyfiket tjatade om allt och alla. Paulus kände sig nog också som ett turistobjekt som skulle pressas på pengar och information. För tillfället nöjd på Athen packar jag väskan för en arbetsresa till Kreta.

Undrar om Grekland finns kvar när jag kommer tillbaks i början av juli? Så har jag känt många gånger under åren jag bott här. All information som sköljer över oss med olika budskap gör att man blir både skeptisk och förargad. Det är många greker som har slutat titta på nyheterna här. Information får man från många håll. Här gäller det att örat mot marken och ögat på polisbemanningen på gatorna, det gäller att känna om bankomaterna är överhettade och om tavernan tar fram det billiga bordsvinet. Massmedia kan man inte lita på. Här har det varit toppnyhet att IMF betalat grekiska journalister för att skriva mycket positivt om europeiska centralbankens krav på förändringar i grekisk inrikespolitik. Grekerna har för länge sedan slutat tro på det som går i tryck och sägs i TV. Allt är förhandlingsbart och i morgon kan sanningen se helt annorlunda ut.

Med en dåres envishet upprepas det från norr att Grekland måste presentera nya hårda fakta om hur man tänker sänka pensionerna och dra åt svångremmen ytterligare. Om det finns en gnutta vilja att få tillbaka en del av de utlånade miljarderna, så borde långivarna se att det behövs olja och inte grus i motorn. När Grekland hotas med nedskärningar i industrin och sänkta löner och pensioner överlag, kan det inte bli annat än stopp i samhällsmaskineriet. Utländska investeringar uteblir och den lilla grekiska industrin bryter samman. Inte ger detta några pengar tillbaka till de nordeuropeiska bankerna.

Om man upprepar samma sak tillräckligt länge, blir det något av en sanning. Under de fem år jag bott i Grekland har det från norr sagts att det är säkrast att ta med kontanter på resan. Bankomaterna är snart tomma på kontanter och strejkerna kommer att lamslå landet och demonstrationer på gatorna gör det farligt att gå ut på stan. Men inget av detta är sant. Det är negativ propaganda som gjort att människor blir oroliga och tar med sig kontanter och tar ut kontanter ur bankomaterna i rädsla för att det ska gå åt skogen. Under en vecka nyligen togs 4 miljarder euro ut från grekiska banker och bankomater. Rykten och rädslan styr och man tycker att man känner sig säkrare med pengar i brödburken än på banken. Och hela tiden ökar farten på hissen som fortsätter ner i källaren.

Samtidigt upprepar Greklands förhandlare med de europeiska långivarna, att från medelhavshorisonten ser man problemet på ett annat sätt. Skuldfällan har gillrats av tidigare regeringar, som utan att rodna köpt på sig en av Europas dyraste militära utrustningar. Vägnät och tunnelbana har byggts ut med hjälp av tyska företag som fått bra betalt och byggt på utländska lån. Tidigare regeringar har varit mycket samarbetsvilliga. Den nuvarande regeringen vill få slut på korruptionen och starta en sanering av landets lån så att Grekland kommer på fötter. När Tzipras och Varoufakis upprepar detta, kallas de för okunniga och ointresserade av att lägga verkliga bud på bordet.

På midsommaraftonens kväll var vi många som satt uppe på Aeropagen och såg solen gå ner över Elefsinas västerhimmel. Att skyarna var vackert röda berodde delvis på röken från den brinnande soptippen där, men också för att solen nu vänder bakom bergen. Ljusare än så här blir det inte. Mobilkamerorna klickar och fångar den dramatiska kvällen. Vi sitter tysta tillsammans och undrar nog lite till mans om detta är sista akten i det grekiska dramat. När vi vaknar nästa morgon kan det vara stilla som en långfredag.

Så jag packar min väska och kör ner till Pireus och parkerar bilen innanför staketet där kretabåtarna ankrar, innan grindarna stängs. Vem vet om jag hinner med?

Utan vatten stannar Grekland

September 2015

Vattenkranen i sommarstugan hostar till när jag vrider om kranen. Det var ett tag sedan den senast användes. Vi har gemensamt sommarvatten från en borrad brunn. Dricksvattnet är svalt och smakar gott. Vattenmätare för sommarvatten behövs inte i Värmland. Vi använder inte mer än vi behöver. På hösten stängs det av och ledningarna töms för att inte frysa sönder.

Längs vägarna i Grekland ringlar långa svarta ormar, huller om buller. Slingrar och vrider sig fram över sten och mellan trädrötter. Plastslangarna leder vatten från borrad brunn till hus och trädgårdar. Miljoner meter slang ålar sig fram genom landet. Det finns gott om vatten men det är svårt för människor att samsas om grova ledningar från källan till planteringarna. Vid borrhålet sitter ibland 50 vattenmätare och varje hem drar sin egen slang över jord och sten fram till olivträd och varmvattenberedare på hustaken. Utan vatten stannar Grekland.

Tavernor och caféer serverar alltid ett glas vatten till kaffet och maten. ”Apti vrisi” har vi lärt oss smakar lika gott som vatten på flaska. Vattnet som kommer ur kranen smakar gott i Athen, men ibland med saltsmak på öarna, där havsvatten blandar sig med grundvattnet. Då kostar vattnet tio kronor flaskan och ibland mera eftersom det måste skeppas med båt från fastlandet. På öarna vill man bygga avsaltningsanläggningar, men stora karteller stoppar initiativen och ser till att vattenfabrikerna får fortsätta att sälja flaskvatten dyrt till törstiga öbor.

På sydvästra Kreta byggde man för tio år sedan en jättelik damm en bit uppe i bergen. Den lilla byn Chrisoskalitissa skulle med pengar från EU få en trygg vattenförsörjning till växthus och olivträd året om. Det finns gott om vatten i berget. Dammen byggdes med kraftig förstärkning runt om. Bottnen täcktes med gummiduk och armerades med betongrör. När dammen skulle tas i bruk, brast ena hörnet och projektet stoppades. Projekteringen och förarbetet hade inte gjorts på rätt sätt. Byggfirman hade slarvat och sparat in på geologkonsulter. Dammen kapsejsade och vallen brast. Peng-arna från EU var slut och lokalt fanns inga reserver. Idag står den tomma dammen och förfaller. Vattnet letar sig på egna vägar ner till havet och simmare känner av kallstråken där färskvattnet blandar sig med saltvatten. Träden suckar efter bevattning och oliverna slutar växa.

I den lilla byn Mirtos på Kreta måste man gå till borgmästaren för att få tillstånd att dra vatten från den gemensamma källan. En möbelsnickare har kopplat in sig på vattennätet utan att betala. Det vet borgmästaren om men han säger inget så länge som han själv tjänar på det. Han kan ju få billig hjälp med en utbyggnad av sitt hus eller få sina fönster reparerade. Det ena byts mot det andra. Kvitton syns aldrig till.

Nu kommer hösten i Värmland och kvällarna blir mörka och kalla. Morgonbadet i sjön Gapern får huden att knottras. Det kan vara sista doppet för i år i det bruna, mjuka insjövattnet. I Grekland är detta den bästa tiden på året när havet är salt, klart och ljummet, kvällarna är mörka och varma. I början av september reser jag till Kreta ett par veckor, sedan Zakynthos och Rhodos. Det första jag letar efter på hotellrummet är en vattenflaska i kylen. Några klunkar vatten och en dusch, sedan blir jag människa igen.

När jag flyttade till Athen för fem år sedan, tyckte jag att kranvatten smakade klor. Då föredrog jag vatten på flaska och fyllde en karaff som fick vädra av sig i kylskåpet några timmar. Nu märker jag ingen skillnad. Vattnet direkt ur kranen smakar bra och släcker törsten. Och på tavernor får jag ett leende när jag beställer en kanna kranvatten. Så gör grekerna och jag har nog blivit lite grekisk efter fem år i landet.

Återanvändning är bra. När de svarta vattenslangarna har tjänat ut och inte längre håller tätt, kan man alltid använda dem till att fläta ett soltak över en parkeringsplats. De håller i flera år till och kostar inget extra. I skuggan under soltaket hålls bilarna svala och skyddas från den röda sanden som då och då blåser in från Sahara. Vattenslang är bra till mycket, även när vattnet tagit slut.

Flyktingkrisen växer

Oktober 2015

Den tillfälliga flyktingmottagningen på Rhodos var inte lätt att upptäcka. –Stanna där framme vid gallergrinden sa Hedda, som var min guide. Jag förstod inte varför jag skulle parkera bilen utanför den mest slitna byggnaden i området. Vi blev insläppta av en vakt vid porten. Utan Hedda hade jag aldrig kommit in. Jag stod nu inne i det som en gång var stora slakteriet i Rhodos stad, nerlagt sedan många år. En gång uppsamlingsplats för kreatur. Nu kommer flyktingarna till gamla slakteriet och jag undrar om mottagandet idag är bättre än på slakteriets tid.

"På en cigaretts avstånd" ligger de kolossala kryssningsfartygen förtöjda. Turister med plånböcker stora som pizzakartonger vandrar genom Gamla Stan och njuter av att känna historiens vingslag inom de gamla murarna.

Inne i slakteriet ser jag båtflyktingarna från Symi, Halki och Kos stå i kö för att bli registrerade och få ett mål mat. Rhodos kommun har ansvar för de mindre Dodekanesiska öarna. Efter ett dygn reser migranterna vidare till Athen eller Thessaloniki.

Jag frågar en representant för kommunen om jag får gå runt och se hur migranterna har det. Han tvekar. Förbjuder mig att fotografera. Varnar mig för smitta och berättar att många inte är vaccinerade och bär på sjukdomar som inte är att leka med. Han säger lite försiktigt att Rhodos är rädda för att turisterna ska skrämmas iväg om de får reda på att det finns en flyktingmottagning helt nära kryssningskajen. Det är nog bäst om vi lämnar området nu, säger han.

Den känsla som jag bär med mig från slakteriet är människornas väntan. Det ligger en tystnad i luften som samtidigt är full av berättelser. Jag skulle vilja gå runt och lyssna till deras historia. Det ligger också en stilla glädje inom slakteriets väggar. Det märks så tydligt hos de som står och pratar i klungor, de som ligger och halvsover på wellpapp och de som står i kö för att få sina papper stämplade, alla har överlevt och passerat det nålsöga som skiljer liv från död.

Trycket på Grekland är tungt. Förutom den höga arbetslösheten och de höjda skatterna för alla som bor på öarna, kommer nu utmaningen att hjälpa flyktingarna som landar på Greklands stränder. Jag försöker att förstå den omöjliga ekvationen att finna en lösning för de människor som bor och arbetar på de soliga paradisöarna i östra Medelhavet. Utan turisterna skulle öarna backa tillbaka till medeltiden. Med flyktingarna riskerar hela solskensindustrin att raseras. Resebolagen styr våra resmål. Om de stora solskensjättarna tycker att det är störande med trasiga gummiflottar på stränderna, så styr man turistströmmen åt andra länder.

Denna sommar har vi lyssnat till många livsberättelser. Vi har hört om hur svårt det är att vara ogift svensk mamma med tre barn i Grekland, när svärmor inte vill ha med sina barnbarn att göra för att föräldrarna inte är gifta. Vi har hört om glädjen över att ha växt upp med frigjorda svensk-grekiska föräldrar där man kunde prata om allt, när de grekiska hemmen var tystlagda i tabu inom alla områden som en tonåring ville upptäcka. Vi har hört om den största sorgen när alla i familjen utom mamman drunknar i havet mellan Turkiet och Grekland. Vi har hört om när svågern kräver att gifta sig med sin brors hustru annars dödas hon. Och alla berättelserna flyter ihop i ett gammalt nerlagt slakteri med galler för de tomma fönstren. Jag kan gå ut ur berättelsen men de andra blir kvar innanför.

Två tankar slår följe när jag går på de gamla stenlagda gatorna i Rhodos. Den ena är svårigheten att hjälpa när behoven är så stora. Vad kan jag göra mitt i den största flyktingvågen sedan andra världskriget. Inte kan jag resa hem, för jag bor ju här mitt i eländet. Den andra tanken som bär mig handlar om de stora hjälporganisationerna som har enorma resurser och som fungerar långsiktigt i ett internationellt samarbete. Där känner jag att jag är en liten, liten del i ett stort sammanhang som väntar på att livsberättelserna ska bli hörda.

Svenska kyrkan i utlandet är en liten bäck i ett stort flöde från ett hjärta som bultar av medkänsla och ansvar för människor som av krig drivits hemifrån och söker trygghet i ett nytt land.

Nu vet jag var det gamla slakteriet ligger. Nu vet jag hur det ser ut på Viktoria-torget i Athen. Men jag vet också lite mer vad som gömmer sig i människornas drömmar om en framtid i frihet. Den kraften är stark och bär också mig.

Filotimo

Oktober 2015

Grekiska språket är så enkelt och så svårt. Sommar heter kalokaíri = bra väder. Höst heter fthinóporo som betyder ”frukten tar slut”. Det är lite roligt att hälsa varandra med ”bra fruktslut” och gå till marknaden och se att hyllorna är alldeles fulla av druvor, äpplen och pumpor. Vår heter ánixi på grekiska och det betyder öppnandet. Språket säger hur det är; om våren öppnar sig både naturen och människorna. Det är helt naturligt att den årstiden heter öppnandet.

En resa upp genom Thessalien förde oss till Klostren i Meteora som alltid är lika mäktiga där de balanserar på bergstopparna. Första gången jag kom till Meteora undrade jag hur i hela världen det var möjligt att ta sig ända upp till toppen. Var det möjligt att köra bil ända upp?

Jag hade hört om munkar och nunnor som firade sig upp till klostren i en skranglig hiss med rep och nätkorg. Det skulle också finnas en linbana mellan kloster och närmaste bergstopp. En liten kabin med plats för två personer. Nu vet jag att det finns bilparkering nära ingången och det finns trappor både utanpå och inne i berget. Till klostren tar man sig ganska enkelt.

Inne i klosterkyrkorna möts vi av berättelser från golv till tak. Kyrkväggarna visar på bibelns berättelser, men också martyrernas liv och död. Ikonmålarna för vidare kyrkans historia. Nya bilder kommer till och berättelserna tar aldrig slut.

Oktober är tiden då vintillverkningen är i full gång och resterna används till att bränna tzipouro eller raki som det också kallas. Det är som på älgjakten i Sverige; man samlas och delar både historier och mat. Gästfriheten flödar och den grekiska ”filotimo” gör att det finns alltid plats för fler gäster kring bordet.

Naousa är en märklig blandning av gammalt och nytt. Vi gjorde ett kort besök på den 12:e internationella filmfestivalen i det nya kulturhuset. Där trängdes unga och äldre för att se och diskutera kortfilm och umgås till gryningen. Vi besökte vinhuset Dalamaras, där tzipouro-bränningen pågick för fullt och vi fick provsmaka deras goda viner. Uppe i Agios Nicolaus-parken strosade familjer omkring och njöt av det vackra höstvädret. Vattnet rann friskt i älven som rinner upp i källorna i parken. Platan-träden lyste som guld i oktobersolen. Vi smakade på kastanjerna som nu är mogna och faller till marken. Den vilda cyklamen snurrar upp sina stjälkar ur löven.

Vår vän Hariton i Naousa var inbjuden till en fest hemma hos en familj där det eldades friskt under tzipouropannan. Vi fick följa med, och vi möttes av den där speciella grekiska öppenheten, där man blir en del av den stora familjen redan när vi klev över tröskeln.

Det kanske spelade en viss roll att vi var vänner till Haris, men alla ville bjuda på mat och prata om Sverige och visa hur fint man hade det på deras gård och hur gott den lokala maten och det egna vinet smakade.

Kostas bjöd oss på sin egen hemliga specialitet; tzipouro lagrad tre år på fat. Grekisk whiskey! Det lyste i hans ögon när han berättade om den gyllene drycken i en flaska utan etikett. Hans kompis solodansade och vi fick en stor och stark dos av filótimo, som värmde i både hjärta och mage.

Φιλότιμο = gästfrihet, generositet och omsorg. Thales skrev: Filotimo är för greken som att andas. En grek är inte en grek om han saknar filotimo. Detta ord finns bara i grekiska språket och är sammansatt av ”vän + hedra”.

Om det inte varit för Ingabritt, Haritons fru, så hade vi nog aldrig kommit till Naousa, väster om Thessaloniki. Hon var också präglad av filótimo och tog oss med in i norra Greklands traditioner och kulturliv. Ingabritt hade ett öppet hjärta som ständigt ville upptäcka både det lilla livet och det stora. För henne var det lika viktigt hur man lagar en god och näringsriktig soppa som att skattepengarna går till sjukvården på landsbygden. Hon kunde konsten att se både det som ligger alldeles nära framför fötterna och det som ligger på avstånd och långt fram i tiden.

Den här gången orkade hon inte gå med oss till vingårdarna och klostren. Sjukdomen hade gjort omtag och tagit hårt på krafterna. Nu vilar Ingabritt på Naousas kyrkogård sedan i vintras. Men hon är med oss och fyller oss ännu med sin glädje och värme.

När vi stod i Naousas stadspark och såg ut över den bördiga slätten, Makedoniens balkong, så anar vi att det är något särskilt med den här staden. Den rika tillgången på vatten, den bördiga jorden och det behagliga klimatet, den friska luften och mötet mellan berg och slättland gör Naousa speciellt. När Grekland befinner sig i en djup ekonomisk kris, finns här en god blandning av jordbruk, turism och nytänkande. Och så finns det filótimo. Stolthet över att kunna dela med sig av det man har till både kända och okända. Då är man rik även om landet är fattigt.

Hundra palmer

December 2015

I början av december landade jag på Rhodos flygplats och styrde stegen mot en ledig taxi. Chauffören Stratos berättade att en vanlig vinterdag kör han tidigt till flygplatsen och väntar tio, tolv timmar på en körning. Ofta är det enda inkomsten på en dag. Jag betalade tjugotre euro för att åka in till Rhodos stad. Senare samma dag tog jag en taxi från Mandrakehamnen och mötte Stratos för andra gången. Han var lika förvånad som vi över att vi möttes igen. Han körde mig till svenska skolan för fem euro. I bilen frågade jag om han kunde köra mig till flyg-platsen nästa dag. Tre körningar ordnade jag och han blev mer pratsam för varje resa.

Stratos berättade att han kommer från byn Paradiso, som ligger strax söder om flygplatsen. När han var liten låg byn där landningsbanan ligger idag. Där fanns många gårdar som odlade grönsaker och frukt. En fabrik som producerade tomatjuice fanns där. När flygplatsen anlades, flyttades byn söderut. När jag flyger in för landning på Rhodos flygplats förstår jag vad Stratos menar. Hela området är ett rutnät av odlingar. Idag är det turismen som styr och Rhodos måste anpassa sig.

Den här bron byggdes av italienarna, berättar Stratos, när han kör över den lilla älven intill flygplatsen. Han säger att den borde byggas om så att den blir tvåfilig och klarar både dagens trafik och dagens översvämningar. För ett par år sedan omkom två personer i sin bil när det hade regnat ovanligt mycket och älven steg hastigt. Deras bil vattenfylldes och de hade inte en chans att komma undan vattenmassorna. På Rhodos gjordes mycket bra under den italienska tiden. Före andra världskriget byggdes vägar, hus och vattenledningar. När italienarna lämnade ön så förföll mycket. Stratos säger att “vi greker inte tar vara på det vi har.“ Det behövs en ny inställning till teknik och förnyelse. Det hade italienarna på sin tid och grekerna är inte så bra på att sköta om det som byggts upp. Nu rasar det samman.

På Rhodos finns ett torg som heter ”Hundra palmer”. Det ligger i den gamla stadsdelen intill casinot där hotellen bygg-des på 70-talet. För några år sedan skänkte en änka en tomt till staden med önskemål om att där skulle byggas ett äldreboende. De styrande på Rhodos tyckte annorlunda och ville istället bygga ett museum på marken som änkan skänkt. Nu står där ett museum som inga greker besöker och inga turister heller. Grekerna går bara på museum när det är invigning och gratis mat. Sedan är intresset lågt. De gamla på Rhodos får se sig om efter släktingar som kan hjälpa dem på toaletten och se till att de får i sig lite mat när man blir hungrig.

Efter en dag på Rhodos flög jag tillbaks till Athen. Thomas, taxichauffören, frågar om jag varit i Vari och ätit söndagsmiddag? Det har jag. Ett trevligt område med många bra tavernor där det serveras god mat och har trevlig stämning. Det behövs idag, säger Thomas, när tiderna är som de är. Senaste tre månaderna har grekerna slutat skratta. Tiderna är besvärliga och de nya sparpaketen gör ingen människa glad. Men det är viktigt att träffas och tänka på något annat än de dåliga tiderna ibland, tycker Thomas. Vi behöver äta en god middag och berätta roliga historier och skratta tillsammans. Och jag håller med Thomas om nödvändigheten av att lämna besvärligheterna för ett tag. Det är viktigt att mötas och bara få skratta åt eländet. Det går inte att lösa de stora problemen på en dag.

Aktuell omvärldsanalys får jag av min taxichaufför, min frisör och min slaktare. Alla säger att 2016 kommer att bli värre än 2015. Nu kommer det svåraste året hittills och det gäller att hålla modet uppe. Den kommande vintern blir svår för många greker och det kommer att bli starka reaktioner på regeringens politik.

Första söndagen i vintermånaderna är det fri entré upp till Akropolis. Då går grekerna upp till Parthenon och njuter av utsikten och ljuset som reflekteras i marmorkolonnerna. Uppe på klippan är himlen hög och horisonten vid. Antiken blir synlig och gamla stolta traditioner kommer nära. Det har varit svåra tider förr. Grekland har genomlevt krig, svält och utvandringar. Templets kolonner har stått under goda och dåliga tider. Nu står de kvar som lysande adventsljus och lagas ett efter ett. Plockas ner och repareras. Trasiga delar byts ut och ersätts med nya. Efter en tid i stenverkstaden hissas de upp på plats igen. Färdigt blir det aldrig men man håller på och ger inte upp.

Jag försöker se marmorljuset uppe på Akropolis likt de adventsljus som berättar om att en ny tid är på väg och vi förbereder ankomsten. Många bitar måste bytas ut i de pelare som bär upp det grekiska samhället. Några bitar fattas och en del måste stöpas om. Tid kommer det att ta men under tiden minns jag Thomas råd och tar en sväng till en söndagstaverna med mycket folk och många skratt mellan borden. Det är det grekiska sättet att inte tappa modet och hoppet om framtiden.

Baksidan

Februari 2016

Det finns antagligen någon naturlag som säger att när man är på väg att sluta så får man se in bakom kulisserna. I början på en anställning vill alla visa upp sig från sin bästa sida. Man får höra de vackra versionerna av hur jobbet, människorna och landet är. Och man vill ju gärna att det ska vara bra dit man kommer. Allt det fina förstärks och förbättras under den första tiden. Till vänner och familj där hemma vill man ju skriva och berätta att allt är mycket bättre än man hade föreställt sig. De ska ju också förstå att man gjort rätt val när man bytte tryggheten hemma mot äventyret långt borta.

Efter en tid anar man att det finns en annan verklighet bakom framsidan. Nya sammanhang blir synliga och avståndet mellan ord och handling blir tydligt.

Nu har det snart gått sex år och vi rör oss mer och mer på baksidan av den vackra kulissen. Människor berättar om hur man egentligen har det och tårarna ligger nära.

Det har gått sex år sedan vi flyttade till Grekland och Sverige har förändrats mycket under de här åren. –Ni kommer inte att känna igen er när ni flyttar hem, säger några till oss. Klimatet har blivit hårdare i samhället. Detta har vi inte sett när vi varit hemma på semester och gått i skogen för att plocka svamp och blåbär. Det finns sidor av samhället som döljer sig bakom den vackra solnedgången vid Gaperns vatten.

Vi har berättat om ett Grekland bakom de svarta rubrikerna i svenska tidningar, där landet utmålas som skattesmitarnas paradis, de tidiga pensionernas förlovade land med en huvudstad som brinner och bombas av svarthuvade demonstranter. Vi har skrivit om Filotimo, den grekiska hjärtevarma hjälpsamheten, som ser livet mera som ett vi än som ett jag. Vi har skrivit om det brokiga, levande och härliga Athen, som vi lärt oss älska. Om de små byarna på landsbygden där livet går i ett långsamt tempo och människor har tid för varandra. Våra berättelser om åren i Grekland har varit en motvikt till de katastrofscener som många journalister har valt att beskriva.

För några dagar sedan reste vi upp genom västra Grekland, på vägar där vi inte brukar färdas. Till Preveza, Ioannina och Grevena. På flera ställen hade bönderna spärrat av stora vägen med sina traktorer. De demonstrerar för att visa sitt motstånd mot höjda skatter och sänkta pensioner. Polisen hjälper snällt till och dirigerar om trafiken på dåliga småvägar, där tunga långtradare skakar fram i kurvorna och vi följer efter i kolonn och undrar vart vi är på väg.

På hemväg från Thessaloniki frågade vi några poliser om vägen till Athen. –Ta in på hotell, sa den ene. Köp en biljett hos Ryanair för en euro, sa den andre. –Ni har väl GPS, sa den tredje, för annars kan ni hamna var som helst. Vi körde söderut med blicken långt fram på motorvägen, för att se om det fanns avspärrningar vid nästa avfart. Efter tre timmar över Olympens berg i mörker genom kvällströtta byar, tog vi in på ett hotell i Larissa. Så här kunde vi inte fortsätta hela natten igenom. Bättre att sova och fortsätta nästa dag.

Från Larissa rapporterades vägarna vara avstängda och mindre vägar att föredra. Vi styrde återigen upp i bergen mot Karditsa genom det bördiga Thessalien. I varje större vägkorsning stod traktorerna uppställda som hotfulla drakar med svarta flaggor. Det blev en lång resa men vi kom till Lamia på baksidan av det Grekland som vi lärt känna.

Inte många hade något gott att säga om böndernas protester. "De har haft stora skattelättnader i många år. Det är inte mer än rätt att de också börjar betala skatt." Inte hörde vi sådana omdömen för fem år sedan. Men idag är många greker väldigt trötta på att samhället inte fungerar och att det inte finns system att få in rättvisa skatter som gör att det finns medel att driva skolor, sjukhus och äldrevård.

Det är väl så att vi själva vågar visa mer av vår egen

baksida i mötet med människor, som gör att andra visar hur man i själva verket har det och känner sig. – Ursäkta mitt ovärdade yttre, sa en bekant på vår resa norrut, men när jag blivit vän med protesen, ska jag gå en trappa upp till frisersalongen och få både håret och skägget klippt.

-Jag längtar så efter min dotter i Sverige, sa vår guide på byzantinska museet i Ioannina, och tårarna rann ner efter hans kinder när vi berättade om vårt hemland.

Livet är sådant att när en väg stängs, öppnas en ny. Böndernas protester gjorde att vi fick se in i ett annat land, baksidan av Grekland. Där böljade det gröna landskapet fram mellan de höga fjällen. Vi körde långsamt, för det gick inte att gasa på i de snäva kurvorna. Vi såg mycket mer än när vi kört den stora, ödsliga motorvägen längs kusten.

Vi har några månader kvar i Grekland, innan vi flyttar tillbaks till Värmland. Det ger en annan bild av landet när vi får se in bakom kulisserna. Baksidan är inte så polerad och vacker som den framsida som turistbroschyrerna vill visa upp. Men den har andra värden och är ofta sannare. Därför söker vi oss mer och mer till de kvarter i Athen dit inte turisterna hittar. Till de vägar på Kreta som inte finns med på kartan. Och till de tider på året när charterflygen slutat gå.

Felparkering

Mars 2016

I våra små gator i Plaka snurrar det alltid bilar på jakt efter en ledig parkeringsplats. En morgon stannade en uppgiven själ med sin bil utanför kyrkan, på hörnet intill en vespa, med bakskärmen halvt ute i gatan. Hela dagen har vi haft tutunderhållning från halv- och helgalna bilister som inte tagit sig förbi. Någon skrev en lapp och fäste på rutan: -Din idiot! Fattar du inte att du inte kan ställa bilen så här! Lär dig parkera! Grekerna gillar att kommunicera. Lappar är dock väldigt ovanliga. Det dundrar ju så lite om ett papper.

När vi kom till Grekland för sex år sedan, ägde kyrkan en liten bucklig Citroen Saxo utan luftkonditionering. Den gick hyfsat bra och jag behövde inte vara orolig för att någon skulle göra en repa i lacken, den var redan fulltecknad med ärr och sårskorpor. Taket var vitblekt av solen och vindrutan hade sett sina klaraste dagar för länge sedan. Bilen stod tryggt förvarad på Kostas parkering i vår lilla stadsdel Plaka. En bil kan vara billig i inköp och snål i drift, men parkering kostar alltid pengar. En dryg tusenlapp i månader tyckte vi var för mycket pengar för en gammal bil som var värd mindre än så. Jag valde att säga upp vår fasta parkering och ställa bilen på vår lilla gatstump där det inte kostar något att stå om man hittar en ledig ruta intill soptunnorna. Jag blev bra på att fickparkera på mindre yta än en cykel får plats. Efter ett dygn var förardörren uppbruten med en skruvmejsel. Bilen var genomletad men inget stulet. Efter en vecka var en bakruta sönderslagen. Det fanns inget att ta i bilen men det går åt mycket tid att hitta en verkstad som byter rutan på försäkringen. Då valde jag att gå tillbaks till Kostas och fråga om han har plats för kyrkans bil igen. Lika bra att bita i det sura och dyra äpplet.

Det är svårt att ha bil när man bor i Gamla Stan, Plaka i Athen. Gatorna är för trånga och bilarna är för breda. Många parkerar hur som helst och har inte fantasi nog att inse att det finns fler bilar i världen än deras egen. Det går väl an om man är två i bilen och den ene kan gå ut och vifta och visa om millimetrarna är på min sida eller om jag ska offra backspegeln. Men när de stora lastbilarna kommer in våra trånga gator, är det stor teater utanför vår balkong. Hur det går till förstår jag aldrig, men på något sätt har de grekiska chaufförerna blivit skickliga som lindansare när det gäller att upphäva naturlagarna och ta sig fram där det inte borde vara möjligt.

Ett nytt hus byggs i vårt kvarter sedan några månader tillbaka. Varje onsdag den senaste tiden har stora betongbilar plogat sig in mellan husväggarna, tömt sin last och backat ut igen. Det skulle aldrig ha gått om inte byggjobbarna ett par dagar i förväg hade gått runt och spärrat av gatan med rödvita band. Skyltar talar om att på onsdag kommer det betongbilar, så ni kan inte parkera här den eftermiddagen. Vem läser skyltar? Inte greker i alla fall. Här läser man bara de skyltar som man själv har satt upp. Det sätts ju upp så mycket skräp överallt och vägskyltar används som anslagstavlor och det vet man ju att det inte är något av intresse.

När betongbilarna var på väg in till vår lilla korsning, hade naturligtvis några glömt bort vilken dag det var. Resolut gick sex starka herrar fram till en bil i taget, greppade om skärmar och kofångare och lyfte. Skärmen lossnade och gubbarna svor. Efter ett par nya tag stod bilen uppklämd mot en husvägg och betongbilen kunde vrida sig förbi. Lika förvånade som om Titanic skulle komma seglande uppför Klarälven genom Karlstad stod vi och beundrade förarens skicklighet när han lyckades styra sin gigantiska farkost som vore den en hårtrimmer runt örat.

På gatorna i Athen finns det en tyst överenskommelse om hur man får och inte får parkera sina bilar. Det är ju så ont om parkeringsplatser och fotgängarna går ju ändå mitt i gatan. Alltså ställer man bilarna i både två och tre rader från husväggen. I framrutan ligger en liten lapp med mobilnumret till bilens ägare, så det är bara att slå en signal om man vill ut med sin bil som står längst in. Det fungerar.

Konsten att parkera i en gatukorsning är också genial, men står inte i någon bok för övningskörning. Man ställer helt enkelt bilen mitt i korsningen, för då kan alla köra runt om på vilken sida man önskar. Det fungerar så länge det bara är en bil som står där. Grekerna gör gärna som alla andra gör och fungerar det för den ene så går det bra för den andre. Snart står där en hel drös med bilar i korsningen och alla blir arga och tutar som om ägarna sitter på närmsta café och med nöje ser på hur bilarna ska klara att köra förbi.

Det kommer att bli svårt att flytta tillbaks till Värmland och köra bil på svenskt sätt. Här i Grekland är många trafikregler inte till för att följas, utan är en rekommendation om att kanske tänka på ett och annat som gör att trafiken flyter. Rött ljus är i Sverige en bestämmelse som ska följas. Söder ut i Europa är det en rekommendation och i Grekland blir det en dekoration. Man måste ju lära sig att tänka själv.

Gunnar Lidén är värmlänning, född 1950. Växte upp i Årjäng i gränslandet till Norge som kallas Nordmarken. Fadern var konstnär och försörjde familjen med måleriet. Gunnar intresserade sig tidigt för konstnärliga uttryck och deltog i målarresor tillsammans med pappans konstnärsvänner. Under studietiden på universitet i Stockholm gick Gunnar på Gerlesborgsskolan där måleriet stod i centrum. Studier i teologi förde till Uppsala och prästexamen i slutet av 70-talet.

Skrivandet har varit ett dagligt hantverk i prästyrket och författandet av prosatexter för predikningar har blandats med poetiska texter som resulterat i tonsatta dikter för användning i både kyrkliga och profana sammanhang.

Blandningen av skrivande och tecknande tog ny fart från 2010 när Gunnar flyttade från Värmland till Grekland för att arbeta som kyrkoherde i Athen och hela Grekland. Nya intryck gav nytt bränsle till både bilder och texter. Boken Sånger från Balkongen, 2014, innehåller dikter som tonsatts och använts av församlingens kör i Athen. Boken Grekiska Livstycken, 2016, är en antologi med kvinnors berättelser om deras liv i Grekland. Under Tamarisken är samlade reflektioner från sex år som invandrare i ett land som kulturellt tillhör Mellanöstern mer än Europa.

Under hösten 2016 flyttar Gunnar med hustrun Kicki tillbaka till Värmland för att bli invandrare i Sverige, en utmaning som inte blir helt enkel.

FSC
www.fsc.org
MIX
Papper från
ansvarsfulla källor
Paper from
responsible sources
FSC® C105338